Sobrevivência emocional

As dores da infância revividas no drama adulto

Dados Internacionais de Catalogação na Publicação (CIP)
(Câmara Brasileira do Livro, SP, Brasil)

Cukier, Rosa
 Sobrevivência emocional: as dores da infância revividas no drama adulto / Rosa Cukier. – 7. ed. – São Paulo: Ágora, 2017.

Bibliografia.
ISBN 978-85-7183-540-5

1. Dissociação (Psicologia) 2. Distúrbios de personalidade borderline 3. Emoção 4. Narcisismo 5. Problemas emocionais de crianças 6. Psicodrama I. Título II. Título: As dores da infância revividas no drama adulto.

98-1314   CDD-616.891523
                                          NLM-WM 430

Índice para catálogo sistemático:

1. Psicodrama e problemas emocionais :
Psicoterapia : Medicina   618.891523

Compre em lugar de fotocopiar.
Cada real que você dá por um livro recompensa seus autores
e os convida a produzir mais sobre o tema;
incentiva seus editores a encomendar, traduzir e publicar
outras obras sobre o assunto;
e paga aos livreiros por estocar e levar até você livros
para a sua informação e o seu entretenimento.
Cada real que você dá pela fotocópia não autorizada de um livro
financia o crime
e ajuda a matar a produção intelectual de seu país.

Sobrevivência emocional

As dores da infância revividas no drama adulto

Rosa Cukier

SOBREVIVÊNCIA EMOCIONAL
As dores da infância revividas no drama adulto
Copyright © 1998 by Rosa Cukier
Direitos desta edição reservados por Summus Editorial

Capa: **Adriana Conti**
Ilustrações: **Maria J. Azevedo**
Diagramação: **Acqua Estúdio Gráfico**

1ª reimpressão, 2021

Editora Ágora
Departamento editorial
Rua Itapicuru, 613 – 7º andar
05006-000 – São Paulo – SP
Fone: (11) 3872-3322
http://www.editoraagora.com.br
e-mail: agora@editoraagora.com.br

Atendimento ao consumidor
Summus Editorial
Fone: (11) 3865-9890

Vendas por atacado
Fone: (11) 3873-8638
e-mail: vendas@summus.com.br

Impresso no Brasil

*A Sonia Marmelsztejn, minha prima e amiga, com quem
estudei e discuti, de perto, o material sobre o qual escrevo
e que também me ajudou a chorar e elaborar as dores
de meu luto fraterno. Valeram mesmo nossas terças-feiras!!!*

*Ao Nelson, meu marido, e a meus filhos Karina, Vivian e Renato
que me apóiam sempre nesta urgência de estudar, conhecer,
escrever e ensinar sobre doença mental.*

*À mãe de meu marido e minha grande amiga, Raquel Cukier,
e a todas as mulheres ocultas – empregadas, cozinheiras,
arrumadeiras – que me ajudaram nos bastidores de minha vida
doméstica, para que eu pudesse estudar e escrever.*

*Obrigada, amigas, grandes egos-auxiliares da minha vida!
Ao Zé, meu irmão, por tudo o que involuntariamente
me ensinou com seu imenso sofrimento pessoal.*

SUMÁRIO

Prefácio	9
Prólogo	13
Introdução – O conceito de criança interna – psicoterapia da criança ferida dentro do adulto	17
1. Como sobrevivem emocionalmente os seres humanos?	21
Como surge uma criança ferida dentro de nós?	25
• O que é e como é depender dos outros	26
• O que significa, exatamente, a necessidade de dependência básica do ser humano?	28
Abuso infantil	32
• Abuso sexual	32
• Abuso físico	33
• Abuso emocional	33
Como sobrevivemos, então?	34
• Falso *self* – nosso adulto bem-sucedido	35
• Aspecto multigeracional – contágio psicológico	36
Como o psicodrama pode ajudar essas crianças soterradas dentro de nós?	37
Referências bibliográficas	39
2. Quando Narciso encontrou Moreno – o psicodrama dos distúrbios narcísicos de personalidade	41
O mito de Narciso	48
Evolução e uso do conceito de narcisismo na literatura psicológica	50
• Perversão sexual	50
• Estágio de desenvolvimento normal	50
• Tipo de escolha objetal	51
• Modo de regulação da auto-estima	52
O narcisismo para Moreno	54
• O que é intrapsíquico para Moreno?	56
• Um modelo de intrapsíquico relacional	57

Minha posição 59
- Como tudo começa 59
- Critérios para a manutenção da auto-estima 61
- Matriz de desenvolvimento narcísico 62

Conclusão... 63
Referências bibliográficas 65

3. Psicodrama com cenas regressivas 67
Conclusão... 71
Referências bibliográficas 72

4. Eu te odeio... Por favor não me abandones! O paciente
***borderline* e o psicodrama**.. 73
O conceito de personalidade *borderline* 74
Diagnóstico diferencial 77
Etiologia... 79
Psicodinâmica – como funciona o *borderline* 82
Psicoterapia do paciente *borderline* 84
- Pontos vulneráveis do terapeuta 89
- O paciente *borderline* em psicoterapia psicodramática 91

Conclusão... 97
Referências bibliográficas 98

5. Dissociação – uma defesa essencial ao psiquismo 99
Um pouco de história.. 100
- Freud 101
- Pós-Freud 102
- "*Continuum* dissociativo" – um modelo da neuropsicologia
  para o funcionamento da mente 103

Dissociação e trauma.. 104
- Níveis patológicos de dissociação 106
- Dissociação e infância carente 107

Conclusão... 108
Referências bibliográficas 109

6. Abuso profissional 111
Referências bibliográficas 117

Prefácio

Certa vez, há muitos anos, uma paciente de meia-idade soluçava diante de mim ao falar de sua baixa auto-estima, contando que, quando era muito pequena, sua mãe, inadvertida e casualmente, lhe disse que a havia encontrado numa lata de lixo. Presenciando tal desespero, minha vontade era a de sacudi-la com carinho, por mais paradoxal que pareça, e dizer-lhe: "Meu Deus, era só uma brincadeira! Quanto sofrimento inútil, tantos anos, por uma besteira dessas!".

Por tais e quais repetidos depoimentos é que acabei dando razão a Zerka Moreno, de quem ouvi, em 1978, quando nos visitou pela primeira vez em São Paulo, mais ou menos a seguinte definição: "Psicoterapia é o ato de cuidar da criança machucada que cada um carrega dentro de si mesmo".

Portanto, quando leio, logo nas primeiras páginas deste belo livro de Rosa Cukier, quase as mesmas palavras, apenas redescubro mais uma das idéias e dos sentimentos comuns que nos aproximam, além da mesma paixão pelo psicodrama, do entusiasmo pela sadia e proveitosa discussão teórica e da compreensão de que, em se tratando de psicodrama, nada se vive de fora da própria vida. E é justamente por causa disso que o destino trágico da história de um irmão a que Rosa se refere como exemplo logo na introdução, me leva a dizer com a emoção do compartilhamento e da irmandade que algo semelhante aconteceu comigo, o que nos coloca diretamente na categoria dos sobreviventes.

Também, como ela, não posso entender a função de psicoterapeuta a não ser como a serviço do sofrimento humano em toda a sua extensão e plenitude. Logo, teorizar sobre um assunto é, ou deveria ser, a construção do estofo da competência a fornecer o instrumento eficaz para combater tal dimensão do sofrimento. Jamais a lenha enegrecida da vaidade ou a discussão tola de uma erudição vazia como a finalidade que, em si mesma, mal se disfarça.

É assim que entendo este livro da Rosa, um fornecimento denso de meios, ancorado num profundo compartilhar de sua larga experiência, que não nos nega *flashes* generosos da cena psicodramática em que atua como diretora, convalidando o pensamento teórico que desenvolve.

9

Por isso mesmo, Rosa Cukier tem a ousadia e a coragem de se aventurar em terrenos espinhosos, habilmente evitados por nós, psicodramatistas, tais como: abuso infantil, narcisismo, paciente *borderline*, dissociação e abuso profissional, temas difíceis, capazes de revelar com facilidade nossas fragilidades e insuficiências, deixando-nos imobilizados e impotentes diante daqueles que nos demandam ajuda circunscrita a uma atuação profissional clara, próxima e coerente.

Desfilam pelas páginas do livro temas de igual relevância, tais como: a criança interna dos adultos, as varas de marmelo, a submissão, as manipulações sexuais de que a criança é alvo, além de suas necessidades físicas e emocionais.

A forma como a autora trata tais questões aponta tanto para o positivo quanto para o negativo da fotografia, passando desde a conceituação na literatura especializada, até a compreensão e manejo psicodramáticos, com farta exemplificação.

Em outro momento, passa pelos nossos olhos o processo da reconstrução da auto-estima na definição e no redimensionamento do modo de relação pais/filhos, agravada em cada um de nós.

O tratamento dado ao tema do narcisismo nos é oferecido por meio de um sensível recurso de imaginação, em que o próprio Narciso nos aparece comparativamente, tratado por Moreno e por Bustos, marcando uma diferença de abordagem de uma das vertentes do psicodrama contemporâneo, face a face com um modo de atuação do psicodrama clássico original. Neste ponto se entrelaçam os conceitos de complementaridade de papéis, de matriz de identidade e os movimentos inter-relacionais e intrapsíquicos no vácuo de nossas dúvidas teóricas, compondo uma maneira nova e particular da autora na interpretação do fenômeno.

Concordo inteiramente com Rosa Cukier quando afirma que o psicodrama "regressivo" (aspas por minha conta) não é psicanalítico, como freqüentemente é rotulado.

A polêmica talvez decorra da repetição de termos psicanalíticos aplicados inadequadamente ao psicodrama sem superposição de significados.

Uma das críticas mais pertinentes a tais questões foi formulada há aproximadamente vinte anos, por Wilson Castello de Almeida, que propôs, naquela ocasião, a substituição do termo cena "regressiva" por cena de "revivência", definindo mais abrangentemente a fusão de ação, emoção e "*insight*" que acontece no cenário psicodramático.

Igualmente, "cena nuclear" acaba dando a impressão de que na cena psicodramática, em situações de revivência, apenas se reproduz a cena que originou a transferência, quando, na verdade, importa menos a fidelidade da cena quanto ao cenário e personagens, do que o modo de relação entre eles clareando a trama oculta, à qual subjaz o conflito. O tempo e o *locus* "exatos", impossível de serem garantidos pela memória, não são tão relevantes no desenho do conflito quanto a reedição (revivência) da emoção e do sentimento nele envolvidos.

Por isso mesmo, sabendo disso, a autora nos brinda com um interessante roteiro técnico do papel de diretor para tais dramatizações, o que se constitui na primeira sistematização clara, pelo menos do meu conhecimento, da articulação complexa de operações com as quais o psicodramatista se depara no resgate da criança machucada, enfim, cuidada dentro do adulto.

O que mais dizer deste livro tão proveitoso que não antecipe o final do filme para o leitor?

Que a feliz parceria de Rosa Cukier e Sonia Marmelsztejn, no capítulo que trata do difícil tema *borderline*, nos ensina desde a caracterização até a psicodinâmica desses pacientes de alto risco, diante dos quais tantas vezes nos imobilizamos?

Que o estudo da dissociação, englobando seus níveis patológicos e o estresse pós-traumático, nos esclarece aspectos desconhecidos do abuso infantil?

E o que dizer do abuso profissional, tratado no último capítulo, em que o poder do terapeuta é diluído por Moreno com a introdução do ego-auxiliar e do compartilhamento?

E sobre a Rosa, sobretudo, a ressonância. A competência cheia de emoção que se espera de um autor e de um terapeuta. O discurso cheio e conseqüente que não foge, em nenhum momento, ao chamado urgente do sofrimento.

Sergio Perazzo

Prólogo

Estou grávida deste livro há muito tempo. E hoje, sem mais porquê, resolvi iniciar o parto. Sou uma mulher de 44 anos, bem-casada há 23 e mãe de três filhos muito queridos. Profissionalmente, sou psicóloga desde 1974 e fiz cursos e especializações em psicanálise, psicodrama, psicoterapia ericsoniana, além de *workshops* variados em terapias corporais, gestal-terapia, terapias familiares etc.

Dos meus 44 anos de vida, 27 eu já dediquei às mais variadas formas de psicoterapias, desde a psicanálise até o psicodrama; tive seis terapeutas ao todo. Eu poderia lhes dizer que esses terapeutas e essas terapias todas foram necessários apenas porque, tendo escolhido ser psicóloga, fui obrigada a me tratar, para cumprir uma exigência curricular ou até porque queria aprender na prática. Mas não é esta a verdade, pelo menos não da minha vida.

A verdade é que decidir ser psicóloga foi a forma mais inteligente que tive de pedir socorro aos 17 anos, após uma vida infantil extremamente perturbada, numa família com pais dedicados, porém imaturos, que brigavam o tempo todo, e com meu único e querido irmão mais velho, que sobreviveu à custa de defesas emocionais muito sérias, culminando no seu suicídio, em 1992.

Portanto, senhores leitores, meus anos todos de terapias e cursos variados foram, na verdade, uma busca desesperada, primeiro, de ajudar meu irmão doente (no começo ele era um deprimido grave) e depois, de tentar eu mesma ser mais feliz, menos solitária e auto-suficiente (sempre fui uma ótima aluna, com pouquíssimos amigos).

Nos últimos dez anos tenho sentido, de fato, a vida mais leve e até ouso dizer, tenho sido feliz. A ajuda de alguns dos meus terapeutas, sobretudo do dr. Dalmiro Bustos, foi e tem sido de inestimável valor para mim.

Meu irmão, porém, não teve igual sorte. Ele, e só agora eu sei disso, tinha problemas sérios de personalidade e era um desses pacientes que passaram por inúmeros terapeutas, ficando, no máximo dois ou três meses com cada, alegando que já estava bom ou que o terapeuta não era bom. De fato, o Zé (como carinhosamente todos os chamavam) "derru-

13

bou" um a um, todos os terapeutas, médicos, amigos, familiares, rabinos, que tentaram ajudá-lo e nunca mostrou sinais de melhora.

Alguns estudiosos do comportamento humano dizem que, no fundo, pessoas como meu irmão não estão buscando ajuda. O que buscam é comprovar uma espécie de hipótese básica sobre a vida que, resumidamente, seria algo como: ninguém é suficientemente bom para me ajudar; eu e minha doença somos mais fortes do que todos!!!

Eu não acredito nisso agora, já acreditei, em outro momento. Sei que meu irmão queria sim ser ajudado, e que no fundo ele queria ser feliz, amar e ser amado, como todo o mundo quer. Entretanto, sei agora quanto é difícil ajudar pessoas com essas características, e como os terapeutas em geral não estão preparados para essa tarefa.

Quero lhes dizer, e por isso compartilho parte da minha vida neste prólogo, que é movida por esta enorme perda, em meio a muita dor pessoal, mas também com uma forte sensação de reparação, que escrevo este livro. Ele é o resultado de uma pesquisa que comecei a realizar já antes da morte de meu irmão, mas que se intensificou após esse fato.

Eu pesquisava desordens de personalidade, tais como o quadro *borderline*, e me deparei com a temática ampla que envolve o abuso infantil, a importância das primeiras relações de dependência na vida emocional de um ser humano e a possibilidade terapêutica de se reparentalizar a criança ferida dentro do adulto. Confesso que fiquei fascinada, sobretudo diante da perspectiva de aliar o psicodrama a todas essas questões.

Meu objetivo neste livro, portanto, é fundamentar um trabalho psicoterapêutico psicodramático com a criança interna dos adultos. Ele não foi escrito de uma única vez e nem apenas por mim. Na realidade, trata-se de seis textos, escritos ao longo de quatro anos, todos versando sobre algum aspecto desta mesma questão. Por essa razão, o leitor notará que algumas citações e conceitos são repetidos no decorrer do livro, o que é inevitável, em se tratando de uma compilação de artigos.

Na Introdução faço uma retrospectiva e descrevo os objetivos principais do trabalho com a criança interna. O Capítulo 1 discutirá a origem e desenvolvimento da porção infantil ferida nos adultos, mencionando as questões relacionadas ao abuso infantil, à elaboração de defesas e ao aspecto multi e intergeracional da problemática em questão.

No Capítulo 2 abordo a temática do narcisismo e da auto-estima, mostrando como uma infância que desconfirma as potencialidades da criança acaba por gerar uma auto-estima diminuída, facilmente desvelada pelo adulto auto-suficiente e orgulhoso que se apresenta em nosso consultório. Procuro, também, no Capítulo 3, construir pontes teóricas dentro do psicodrama para se pensar o intrapsíquico e proponho o psicodrama com cenas regressivas como um instrumento clínico operacional útil para trabalhar essas questões.

14

Escrito em conjunto com a psicóloga Sonia Marmelsztejn, o Capítulo 4 descreve o quadro *borderline*, patologia narcísica extrema que desafia terapeutas de todas as abordagens, destacando as dificuldades no tratamento e o auxílio que as técnicas psicodramáticas podem oferecer.

No Capítulo 5 discuto a dissociação, mecanismo de defesa associado comumente apenas às psicoses e que penso descrever, na realidade, o funcionamento normal do cérebro humano, ajudando a compreender a problemática da ativação de memórias infantis dentro dos adultos.

Finalmente, concluo o trabalho abordando um tema polêmico que é o abuso profissional na área das psicoterapias, visando sobretudo a mostrar como o tema da contaminação multi e intergeracional repercute na vida adulta, estando muito mais próximo de todos nós do que supomos.

Realmente espero que a leitura deste livro suscite menos culpas e mais desculpas. Ninguém é culpado daquilo que não sabia. Mas somos, sim, responsáveis a partir do momento em que começamos a aprender.

Que nossas "feridas de infância", quando compreendidas, possam nos guiar para ações reparadoras e vigilantes que honrem a dignidade humana e evitem abusos de poder.

Rosa Cukier

Introdução

O CONCEITO DE CRIANÇA INTERNA

Psicoterapia da criança ferida dentro do adulto

A atenção aos problemas dos adultos sobreviventes de famílias disfuncionais, incestos ou outros abusos infantis gerou uma consciência crescente de que o desenvolvimento emocional de um indivíduo nem sempre acompanha seu desenvolvimento fisiológico. Na realidade, emocionalmente guardamos outros Eus infantis, originados em circunstâncias indutoras de vergonha ou desconfirmadoras, que mantêm a experiência e posição inicial imutáveis, enquanto continuamos a nos desenvolver e amadurecer numa direção adulta.

O conceito de "criança interna" é bastante antigo na literatura e só recentemente tornou-se popular nos Estados Unidos. Na mitologia de muitas culturas, essa "parte infantil no adulto" representa a necessidade humana de recapturar a originalidade e a emoção da criança frente ao estresse e à extrema racionalidade do cotidiano. Jung (Abrams, 1990:47-57) descreveu a criança interna como um símbolo da totalidade da psique e Eric Berne (1972), vinte anos atrás, já apresentava essa noção ao público com a Análise Transacional. Na gestalterapia, Robert e Mary Golding (1995) destacam-se, utilizando esse conceito na Terapia da Redecisão.

Credita-se a utilização mais recente dessa conceituação a Alice

Miller (1979) e Jeremiah Abrams (1990) – ambos estudiosos de questões ligadas ao abuso infantil e à psicopatologia –, porém sua extrema popularização deve-se ao trabalho dos Alcoólatras Anônimos com filhos adultos de ex-alcoólatras, e aos livros, *workshops* e seriado na TV de John Bradshaw (1988, 1990, 1992).

A excessiva divulgação pela mídia americana foi importante para mobilizar a opinião pública na discussão de questões relacionadas à violência doméstica e à educação das crianças, mas redundou numa supersimplificação aviltante desta abordagem, dando a idéia de que neste tipo de terapia os clientes carregam ursinhos e se queixam dos pais.

Na realidade, o objetivo do trabalho com a criança interna dos adultos é fazer com que eles tomem responsabilidade por seu comportamento atual, compreendendo as distorções e o forte impacto das experiências precoces da infância em suas vidas. O foco principal do trabalho não é rememorar ou culpar/perdoar os adultos que cuidaram do paciente quando criança, mas, sobretudo, compreender o que esses pacientes fizeram consigo mesmos, como resultado de como viveram as relações de dependência infantis.

As aprendizagens e as decisões que as crianças tomam ao longo de sua vida, principalmente aquelas frente a situações traumáticas, estressantes e desconfirmadoras, limitam as percepções das escolhas na vida adulta.

Um trabalho com a criança interna visa também a ajudar o adulto a desenvolver um Eu mais maduro e responsável que possa providenciar proteção e cuidados para sua parte infantil. Esta diferenciação adulto-criança vivida por meio de experiências ajuda o paciente a redecidir e/ou descobrir novas formas de resolver problemas, o que se evidencia imediatamente pelos novos sentimentos, pensamentos e comportamentos que ele passa a expressar.

Enfim, cada abordagem responsável em psicoterapia envolve algum tipo de modelo de como o ser humano funciona, de modo a fornecer um método sistemático de direção do foco da atenção terapêutica. Nenhum modelo do psiquismo é completo e todos podem ser atacados por aquilo que deixam de considerar.

Sabemos que diferentes pessoas respondem de formas diferentes aos vários modelos psicoterapêuticos, algumas se dão melhor com uma abordagem; outras, melhor com outra. A popularidade desta metáfora conceitual da criança interna ferida mostra, sem dúvida, que ela tem um especial impacto sobre um grande número de pessoas.

O importante é que o paciente não apenas rememore cognitiva e verbalmente o que se passou na sua infância, mas reexperiencie a emoção desses eventos no presente. O psicodrama como estratégia técnica e como postura ideológica diante do ser humano é extremamente valioso nessa questão. Ele propicia o aquecimento necessário para que o drama infantil ganhe corporeidade no *setting* terapêutico e uma atitude clínica de aceitação, respeito e continência, absolutamente necessários para o paciente rematrizar novas maneiras de lidar consigo mesmo.

De fato, o psicodrama é utilizado por quase todas as abordagens mencionadas anteriormente, sem entretanto ser dado mérito algum a Jacob Levi Moreno, o homem que o criou. Zerka Moreno costuma dizer que "o psicodrama faz parte da cultura psicoterapêutica", tendo perdido sua individualidade.

Nos capítulos que se seguem, de muitas maneiras e com muitos exemplos tentarei resgatar a especificidade do psicodrama ao lidar com essas questões. Não se trata apenas de um conjunto de técnicas dramáticas, mas de um arsenal de posturas ideológicas, atitudes advindas do teatro, da fenomenologia, de uma religião humanista-libertária, que fundamentam suas práticas clínicas. Destaco o "compartilhar", etapa final de uma sessão psicodramática que torna a relação terapeuta-paciente suficientemente simétrica para confirmar a parte saudável do cliente e mostrar a parte vulnerável do terapeuta, num clima lúdico e respeitoso em que esses papéis complementares não implicam uma "conserva" autoritária, de um ser melhor ou mais saudável que o outro.

Sempre penso em Moreno-criança, quebrando o braço ao brincar de ser Deus. Pior do que ter quebrado o braço um dia é ter decidido definitivamente parar de brincar de ser Deus, com medo de se machucar de novo.

Resgatar a criança interna dos adultos é convidá-los a jogar o papel de crianças de novo, olhar seus braços e pernas esfolados e doídos, perceber os curativos de outrora e deixar algumas dessas feridas cicatrizarem de vez. Outras terão de ser tratadas com remédios novos de última geração. É, enfim, resgatar a espontaneidade e o assombro, para que o adulto torne a brincar e criar em sua vida.

REFERÊNCIAS BIBLIOGRÁFICAS

ABRAMS, J. (1990). *Recuperar el niño interior*. Barcelona, Kairós, 1993.

BERNE, Eric. (1972). *O que você diz depois de dizer olá!*. São Paulo, Nobel, 1988.

BRADSHAW, John. (1988). *Healing the shame that binds you*. Flórida, Health Communications, Inc.

_____. (1992). *Homecoming*. Nova York, Bantam Books.

_____. (1992). *Creating love*. Nova York, Bantam Books.

GOLDING, M. (1995). *Doces lembranças de amor – A história da terapia da redecisão*. São Paulo, Gente.

MILLER, Alice. (1979). *O drama da criança bem-dotada*. São Paulo, Summus, 1997.

1
COMO SOBREVIVEM EMOCIONALMENTE OS SERES HUMANOS?

*Ele a quem eu dou meu nome,
Está chorando em sua cela.
Eu ando sempre ocupado,
construindo uma parede em sua volta.
E, ao mesmo tempo em que esta parede
sobe, dia após dia,
em direção ao céu, vou
perdendo a visão do meu verdadeiro ser em
suas escuras sombras.*

*Orgulho-me desta grande muralha,
eu a reforço com pó e areia,
com medo de que nem
um mínimo buraco seja deixado
para aquele que carrega meu nome.
Como resultado deste cuidado todo,
vou perdendo a visão do meu
verdadeiro ser.*

(autor desconhecido)

Há algum tempo tenho me deparado com questões clínicas que instigaram minha curiosidade e resultaram neste trabalho.

A primeira delas refere-se ao fato de que após certo tempo de terapia podemos perceber a existência de algumas cenas nucleares que, tal como um ímã, parecem atrair as associações do paciente. Parecem ser cenas matrizes em que algo fundamental se estruturou inicialmente como defesa de uma situação traumática e, com o uso e o passar dos anos, acabou fazendo parte da identidade básica e do caráter do paciente.

Vou descrever, brevemente, quatro casos clínicos para exemplificar o que estou tentado enfocar:

Paciente A. Empresário bem-sucedido, 34 anos, deprimido por problemas no casamento. Queixa-se que desde o nascimento do seu primeiro e único filho a esposa não lhe dá toda atenção que ele quer. Tem acessos de violência física e não consegue contê-los, arrebenta objetos da casa e chega a bater na esposa. Numa das cenas que freqüentemente traz com suas associações, é madrugada, tem cinco anos, ouve o pai bater na mãe; em outra cena, tem quatro anos, a mãe está cozinhando e ele fica atrás dela, querendo colo. Os irmãos mais velhos riem dele, chamando-o de "maricas" (sic).

Paciente B. É uma mulher extremamente bonita, de 25 anos, que vive num quase total isolamento social, queixando-se de depressão e de perseguição por parte de colegas, que rivalizam com ela. Profissionalmente, está sempre mudando de emprego, pois sente uma compulsão para namorar com os chefes, e pouco tempo depois é mandada embora. Diz que quer se casar e ser rica.

Dentre as cenas nucleares que ela traz, destaco duas: Na primeira, tem seis anos, mora com os avós maternos, e sua mãe, que é mãe solteira e empregada doméstica, vem visitá-la aos domingos. Estão todos almoçando, e a mãe se põe a querer lhe ensinar bons modos à mesa, modos que ela aprende na casa dos patrões. A paciente sente-se inferiorizada diante dessas pessoas que a mãe admira. Na segunda cena, tem cinco ou seis anos e vai pedir a bênção para o avô, antes de dormir. Sabe que o avô não lhe daria a bênção, pois ele sempre dizia que jamais abençoaria a filha bastarda de uma mãe que não prestava. Nessa cena, o avô novamente a humilha, repetindo o mau-trato.

Paciente C. Um homem de 27 anos, há cinco em terapia. Apresenta dificuldades generalizadas de contato social, levando uma vida restrita à casa e ao trabalho. Possui poucos amigos e nunca teve namorada, apesar de já ter se apaixonado e ter interesse pelo sexo feminino. É freqüentemente acometido de raiva contra as pessoas que por alguma razão o desconfirmam, dizendo que admira o poder que Adolf Hitler tinha de se vingar de quem não gostava. Numa das cenas que se repetem em suas associações, tem entre 4 e 5 anos, a mãe está brigando com ele (não se lembra a razão). Ele se tranca no banheiro e, de raiva, morde a cortina de plástico. Quando a mãe o alcança bate violentamente em suas pernas com uma vara de marmelo, até que ele se curve e peça desculpas, jurando nunca mais fazer algo que desagradasse a ela. Em outra cena, o paciente tem entre 5 e 6 anos, aceita um brinquedo de um porteiro que cuida de uma obra em frente à sua casa e acaba sendo manipulado sexualmente. Só mais tarde entende o significado do fato, arrependendo-se profundamente e com medo de ser menos "homem" do que os outros meninos.

Paciente D. Importante executiva de uma multinacional, 35 anos, razoavelmente bonita que, entretanto, se queixa de solidão, vazio existencial e problemas de relacionamento social. Costuma ter namorados por pouco tempo e nunca sabe o que acontece que faz seus namoros terminarem; acha que os homens não prestam. Dentro da própria família e no trabalho é tida como encrenqueira, estúpida e acha-se profundamente injustiçada por essas críticas, porque "sempre faz tudo para ajudar todo o mundo" (sic). Uma das cenas recorrentes em suas associações é a despedida dos pais que emigraram da Europa quando tinha 7 anos. Queria chorar mas não podia, porque sua mãe estava muito sensibilizada e choraria também. Comportou-se como uma pequena adulta "equilibrada" (sic). Em outra cena, tem 7 ou 8 anos e ouve confidências íntimas da avó, que tem um mau casamento e insiste serem todos os homens mulherengos e desleais.

Pois bem, esses quatro pacientes sofreram formas variadas de abuso infantil: O Paciente A via seu pai bater na mãe; a Paciente B ouviu durante toda a infância que sua mãe não prestava e ela, tampouco; o Paciente C. apanhava até se dobrar de humilhação, além de ter sofrido abuso sexual; a Paciente D era obrigada a ouvir, sem compreender, confissões em que sua avó expunha a intimidade afetiva e sexual.

Essas quatro pessoas também repetem, cada uma a seu modo, o drama infantil: A bate na esposa; B tornou-se "a mulher que não presta"; C é, no seu delírio esquizóide, um Hitler com poderes ilimitados e que pode manipular as pessoas a seu "bel-prazer"; a vida amorosa da paciente D confirma a opinião da avó "de que nenhum homem presta" (sic).

Na vida adulta, as quatro crianças submetidas de outrora tornaram-se adultos poderosos que batem, brigam, manipulam e matam (simbolicamente) pessoas. O que se passou? Por que essas pessoas repetem ativamente aquilo que sofreram passivamente na infância? O que acontece no psiquismo humano e que marca tão fortemente essas cenas, e não outras lembranças, em que as mesmas pessoas talvez tivessem sido bondosas e gentis? Por que é tão difícil para o paciente mudar sua conduta, mesmo que ele já tenha compreendido a repetição? Seríamos nós, humanos, como as aves, fazendo *imprinting** de situações emocionais e correndo o resto da vida atrás de bolas de tênis, pensando que são nossas mães?

Por outro lado, quando convido esses pacientes a dramatizarem suas cenas e começamos a pesquisar o *Locus*, o *Status Nascendi* e a *Matriz* (Bustos, 1994:63-77)[1] de suas dificuldades atuais, acabo sempre me deparando com outro conjunto de fatos que me deixa intrigada. Essas cenas ocorrem na primeira infância, em geral antes dos 7 anos de idade. O conteúdo do drama que trazem é, freqüentemente, o de uma criança sendo

---

* Konrad Lorenz, prêmio Nobel de 1973, realizou um experimento com gansos, descobrindo que as primeiras experiências vitais desses animais criam padrões de comportamento que duram por toda a vida.

1 Dalmiro M. Bustos é psicodramatista argentino, diretor do Instituto de Psicodrama J. L. Moreno em São Paulo, Fortaleza e Buenos Aires. (Veja também nota de rodapé à página 68, a respeito dos conceitos morenianos de: *Locus, Status Nascendi* e *Matriz.*)

frustrada e/ou punida por algum desejo, travessura e/ou uma criança vendo alguém em casa sendo desrespeitado, violentado por um adulto que exerce e abusa do poder que tem. Existe um enorme desequilíbrio de forças, e tudo o que a criança pode fazer é assistir passivamente à cena e se submeter ao poder do adulto.

A criança percebe que o adulto está sendo injusto ou abusivo, sente raiva, mas nada pode fazer a não ser se submeter. Tal submissão forçada gera, por sua vez, sentimentos de vergonha, humilhação e inferioridade, que jamais serão esquecidos, apesar de todos os esforços que fizer para negá-los, disfarçá-los e/ou modificá-los.

Nesses momentos de tensão a criança decide algo secreto, como se fosse uma espécie de juramento consigo mesma, e que consiste basicamente num pacto de vingança e ou de resgate da dignidade perdida. Algo como: "Quando eu crescer e tiver o poder físico que os adultos têm, nunca mais vou permitir que façam isso comigo ou com as pessoas que amo".

Em suma, por trás das dificuldades dos meus clientes adultos, comecei a perceber a existência quase sistemática de uma criança com seus projetos de vingança e resgate da dignidade perdida, e que, exatamente pela perseverança do projeto infantil, acabava criando as dificuldades adultas atuais.

Como um disco avariado que gira em falso e entoa sempre a mesma parte da canção, parece existir atrás do drama atual e real das pessoas adultas uma dramática interna[2] que repete o drama infantil, só que freqüentemente com papéis trocados. Quem agora abusa do poder que tem, impinge humilhação e vergonha aos outros é o próprio paciente.

Enfim, nos últimos três anos tenho ido atrás dessas respostas. Primeiro comecei a ler exaustivamente a literatura disponível sobre narcisismo, auto-estima, psicologia do ego e finalmente me deparei com uma abordagem americana (Mellody, 1989) que descreve a existência de uma patologia vincular chamada co-dependência[3]. Também acabei tomando contato com estudos sobre personalidades fronteiriças ou *border-line* e distúrbios narcísicos de personalidade.

Dentro do psicodrama moderno são as postulações teóricas de José Fonseca (1980) sobre a *matriz de identidade*, mais recentemente sobre *distúrbios de identidade* (1995:22), somadas às de Dalmiro Bustos

---

2 Usei a expressão "dramática interna" para diferenciar o drama que ocorre intrapsiquicamente entre o paciente e sua criança interna ferida do drama de sua vida adulta e das relacões reais que vive hoje.
3 Co-dependência: o nome foi cunhado para descrever a dinâmica das famílias de alcoólicos que ficavam elas mesmas dependentes da doença deles. Com o tempo, o termo tornou-se mais abrangente e refere-se à problemática de famílias "normais" que, entretanto, não auxiliam seus membros a serem autônomos e independentes, mantendo-se um permanente controle mútuo.

24

(1994:63-77) sobre o conceito de *clusters* e sua ênfase nos três pilares básicos da Filosofia do Momento de Moreno, *locus, status nascendi* e *matriz*, as setas que guiam o meu entendimento clínico. Quanto a Moreno, além de toda a sua obra, é sua coragem, genialidade e pioneirismo que estimulam a minha espontaneidade e minha vontade de criar. As idéias que exponho a seguir refletem como estou compreendendo estas questões atualmente.

Como surge uma criança ferida dentro de nós?

Os seres humanos exercem um enorme poder uns sobre os outros, um poder de vida ou morte. Do ponto de vista fisiológico, os seres humanos se reproduzem de forma muito semelhante a todos os animais mamíferos e nascem quando saem do útero materno. Do ponto de vista psicológico, entretanto, sua reprodução é totalmente original e peculiar. Psicologicamente, o ser humano nasce aos poucos e nem sempre totalmente, dependendo de sua garra pessoal e da sorte de encontrar pais que saibam administrar suas necessidades básicas.

Por necessidades básicas entendemos aquelas das quais depende a sobrevivência física e psicológica da criança, e são de duas ordens:

FÍSICAS – o bebê humano nasce extremamente frágil, necessitando de cuidados físicos (alimentação, higiene, saúde, calor, estimulação tátil etc.), sem os quais morre. O foco é sobre *O Que* é feito à criança.

EMOCIONAIS – a necessidade emocional básica do ser humano e sem a qual ele não sobrevive psicologicamente é a necessidade de dependência, de poder contar com o outro. O ser humano nasce completamente despreparado e só será autônomo, com recursos internos com os quais poderá contar, depois de muitos anos (na classe média de nossa cultura urbana, só após a adolescência). Aqui, o que importa não é ter as necessidades físicas atendidas, mas *Como* isto é feito.

Além disso, a primeira etapa de nossa vida é pré-verbal, e tudo o que ocorre conosco depende da decodificação verbal e emocional que nossa mãe ou cuidador fizer. Sem alguém que possa espelhar nossas necessidades e emoções não poderemos saber quem somos. Por outro lado, a forma como essa pessoa decodifica nossas mensagens acaba constituindo aquilo que somos, e ela o faz de acordo com seu próprio patrimônio de vivências emocionais.

Este primeiro cuidador ou cuidadores funcionam como uma espécie de ponte relacional entre a criança e o mundo e ocupam, num primeiro momento, o lugar que o Eu[4] da criança ocupará mais tarde. Antes de sermos "Eu", somos "nós", ou seja, é o relacional, sobretudo a relação que estabelecemos com os nossos primeiros cuidadores, a pedra inaugural da nossa identidade (Erikson, 1976)[5] e que refletirá quais serão as nossas expectativas de relacionamento com o mundo.

"A forma como uma criança percorre sua matriz de identidade é um parâmetro de como será sua vida adulta", diz José Fonseca (1995:22), referindo-se não só à relação diádica mãe-filho, mas à resultante emocional de todas as relações envolvidas nesse núcleo, ou seja, à rede de relações familiares, aos fatores biológicos, psicológicos e socioculturais.

O amor, o respeito e a confiança (auto-estima) que um indivíduo sente por si mesmo espelham, por seu turno, como foram suas primeiras relações estruturadoras e prognosticam, em última instância, como serão suas relações com o mundo. Portanto, é extremamente importante estudar as peculiaridades dessa relação de dependência.

O que é e como é depender dos outros?

Depender de outra pessoa significa ter de se sujeitar e submeter à vontade dela. Quem depende é o frágil e impotente na situação, enquanto o outro pólo é potente e decide se as coisas irão ou não acontecer, e como e quando serão feitas. Por outro lado, ter pessoas que dependam de nós também não é normalmente uma situação confortável. Significa ter de abdicar parte do nosso tempo, espaço, conforto e autonomia para essa pessoa.

Se perguntarmos para nossos conhecidos e para nós mesmos se gostamos de depender dos outros como adultos, é provável que a resposta seja negativa em 90% dos casos, e que as recordações que temos sobre situações de dependência venham mescladas a sentimentos de vergonha e humilhação.

Moreno (1946:296), descrevendo a função do ego-auxiliar nas relações interpessoais, destaca que por mais que este esteja unificado com o paciente, essa unidade nunca é completa, em virtude das limitações orgânicas e psicológicas. Diz:

---

4 O "Eu" é utilizado aqui no sentido mais comum da palavra. Propositadamente não utilizei nem o termo "Ego", nem o termo "self", para não adentrar as definições psicanalíticas e as discussões acadêmicas sobre este tema. O "Eu" é a forma pela qual as pessoas normalmente referem-se a si mesmas, é o nome do eixo central da identidade de um indivíduo.
5 Erik Erikson define identidade como um processo interpessoal. Ele afirma: "O sentido de identidade do ego é a confiança de ter internamente uma mesma coisa, uma continuidade... e isto é conseguido através da previsibilidade e continuidade do significado que eu tenho para o outro".

"A mãe é um ego-auxiliar ideal do bebê de quem está grávida. Ainda o é depois de nascer a criança a quem ela alimenta e de quem cuida, mas o distanciamento orgânico e psicológico manifesta-se cada vez mais, depois que o bebê nasceu. A mãe é um exemplo de um ego-auxiliar instintivo."

Hoje em dia, sabemos que a natureza não dota as mães de paciência excepcional e que nem todas elas sabem, por instinto, como oferecer uma situação de dependência ideal para suas crianças (Badinter, 1980)[6]. Muito pelo contrário, o que normalmente encontramos são mães impacientes, cansadas, que buscam atender rapidamente seus filhos para poder ir trabalhar ou fazer outras coisas de seu interesse.

Na realidade, a disponibilidade da mãe para o seu bebê vai depender de fatores extremamente complexos que vão desde a sua infância e a forma como ela mesma viveu a dependência com seus pais, até as peculiaridades atuais de sua relação com o marido, da situação socioeconômica e cultural da família, como a sociedade atual valoriza ou não o papel materno etc.

Sabemos pelos estudos de morbi-mortalidade infantil[7] quantas crianças sobrevivem até o final do primeiro ano de vida, mas não temos a menor idéia de quantas sobrevivem psicologicamente de forma completa, porque nem temos idéia do que isso quer dizer.

Os nossos pacientes freqüentemente reclamam dos pais contando situações de violência física, psicológica e sexual, além da falta de apoio e informação. Freud (1914:1901) primeiramente avalizou essas queixas dos pacientes e, num segundo e definitivo momento, negou-as completamente, remetendo à fantasia deles esses pais abusivos. Outras abordagens acreditam que culpar os pais represente, na realidade, uma recusa do paciente em assumir a responsabilidade pelo próprio destino.

Só nos últimos anos, e devido aos conhecimentos advindos das terapias sistêmicas, podemos começar a vislumbrar a complexa teia das relações intrafamiliares e a natureza de um fenômeno que poderia ser chamado de "contágio psicológico" e que significa a passagem de geração a geração, de carências fundamentais nas relações de dependência básica, que acabam por impregnar toda a capacidade de relacionamento humano do indivíduo.

---

6 Elizabeth Badinter, no livro *O mito do amor materno*, mostra como o amor da mãe pelo bebê é influenciado pelo valor cultural do papel de mãe e criança. No século XVIII, a sociedade francesa cultuava festas na corte, espetáculos de cadafalso, e a criança era absolutamente desvalorizada. Pouquíssimas mulheres cuidavam e amamentavam pessoalmente seus filhos, embora os jornais da época notificassem o alto índice de mortalidade infantil entre as crianças criadas por amas-de-leite (25%). Badinter radicaliza, dizendo que a entrega da criança à ama era uma forma de infanticídio disfarçado.

7 Segundo a Fundação C.E.A.D.E., dados de 1992 mostram que em cada 1000 crianças, 26 morrem antes de completar um ano de vida.

O que significa, exatamente, a necessidade de dependência básica do ser humano?

Para responder a esta questão, preciso antes descrever rapidamente quatro características naturais da criança, que fazem dela um autêntico ser humano e que são muito bem resumidas por Bradshaw (1988):

A CRIANÇA É VALORIZÁVEL – uma criança não nasce com auto-estima e nem tem noção alguma do seu valor pessoal. Ela irá absorver esse valor de fora para dentro, de acordo com a estima e dedicação que seus pais têm por ela. No início da vida, isso pode significar um toque e um olhar especiais (Kohut, 1977)[8], a presença constante e previsível, o espelhamento correto das necessidades físicas etc. Com o desenvolvimento, este dedicar valor ao outro vai progressivamente se transformando em atitudes mais complexas e que exigem grande maturidade dos pais, tais como permitir que a criança experimente sua autonomia crescente, sem ameaçá-la com a retirada do amor.

Margareth Mahler (1977), observando o desenvolvimento infantil passo a passo durante muitos anos, descreve mães que não conseguem suportar o desligamento gradual dos bebês. Elas os despersonificam, desencorajando suas buscas tateantes na direção de um funcionamento independente, em vez de permitir e promover a separação gradual. Outras mães com características simbióticas, de início agarram-se aos bebês para depois empurrar seus filhos precipitadamente para a "autonomia".

Uma forma extremamente poderosa de pressionar a criança a fazer o que os pais querem é dizer-lhe: "Se você não fizer isto, mamãe e papai não gostarão mais de você!". Outra forma freqüente de se jogar com este poder de atribuir valor à criança é compará-la com outras, fazendo com que ela se sinta inferior ou superior a alguém. Ameaçar uma criança com a retirada do amor dos adultos significativos para ela corresponde a retirar o valor que ela tem ou, em outras palavras, consiste em dizer que ela não têm um valor intrínseco, mas sim relativo e dependendo daquilo que ela fizer e de como o fizer.

Penso que uma das tarefas mais difíceis na educação infantil seja colocar limites nos filhos sem, entretanto, chantageá-los com a retirada desse valor intrínseco. A maior parte dos pais foi educada dessa mesma forma por seus próprios pais e considera esse modo de se comunicar com a criança natural e inofensivo. Se pensarmos num adolescente freqüentemente ameaçado de perder seu divertimento predileto se não tirar notas

---

8 O brilho do olhar materno, segundo Kohut.

altas, veremos como o valor abstrato de outrora se transforma, com o tempo, em objetos concretos, bens materiais, dinheiro, que são dados e retirados, conforme a conduta dele.

Toda vez que um filho sente que não tem valor para os pais, sente-se envergonhado e inferiorizado por isso. O Eu se ama e se respeita quando se percebe amado e respeitado. Por outro lado, o Eu se odeia quando intui que está sendo rejeitado ou deixado de lado. Muitos anos de educação de acordo com este sistema de manipulação do outro, que utiliza a atribuição e retirada de valor, acabam gerando adultos que, tal qual a Paciente B, sobrevivem com um senso de valor próprio defeituoso. São pessoas que ora se subestimam ora se superestimam, tornando-se excessivamente dependentes do outro, sem a autonomia da vida adulta, ou excessivamente independentes do outro (do tipo que não precisa de ninguém).

A CRIANÇA É VULNERÁVEL, DEVASSÁVEL, ou seja, não tem um sistema de defesas (fronteiras) desenvolvido e depende dos pais para protegê-la. Essa falta de limites entre o Eu e o Outro faz com que as crianças sejam normalmente egocêntricas e se sintam misturadas com tudo à sua volta, explicando o mundo baseadas em si mesmas. Assim, por exemplo: "se meus pais brigam, a culpa é minha, se eles não ficam comigo, deve ser porque eu sou ruim; se eles trabalham demais e nunca estão comigo é porque eu valho menos do que o trabalho deles". Os pais enfrentam uma dupla e árdua tarefa que é reconhecer e respeitar o direito que os filhos têm de serem donos de seus próprios corpos, pensamentos, sentimentos e comportamento e, ao mesmo tempo, guiá-los em direção a uma percepção mais realista e funcional do mundo, limitando seu egocentrismo.

A frustração gradual de algumas necessidades da criança faz com que ela perceba que o outro não é parte intrínseca dela. Por outro lado, toda vez que fica frustrada, a criança responde com irritação, birra e desagrado. Isso é normal e os pais precisam aceitar esses impulsos agressivos, sem se deixarem pessoalmente destruir por eles. A expressão da emoção é uma necessidade fisiológica do organismo em busca de uma homeostase que foi perdida. Se a emoção não for expressa ela retroflete, voltando-se para o Eu da criança. Assim a raiva, por exemplo, que não pode ser dita, acaba se voltando para o próprio Eu e gera sintomas e atitudes autodestrutivas.

Alguns pais não toleram os impulsos e as emoções das crianças. Na realidade, quando as emoções são muito fortes, os adultos temem perder o controle da criança e tratam de limitá-la. Ninguém agüenta uma criança furiosa, ou mesmo uma criança excessivamente feliz. Elas fazem muito barulho, ficam muito excitadas e nos perturbam. Muitos pais punem de forma exagerada (Paciente C), ou com a ameaça de retirada do amor, como vimos antes.

Freqüentemente, encontramos pacientes que desde cedo desistiram de contrariar os pais e começaram a querer agradá-los, cuidando para que eles não ficassem excessivamente irritados, nem deprimidos (Paciente D). Há uma inversão de dependências: a criança fica com o poder de definir a situação e aprende que é do humor dela que depende o dos pais, e não vice-versa. Essas são as crianças boazinhas, as auxiliares dos pais, que põem a sua sensibilidade e empatia a serviço dos demais e, segundo Alice Miller (1979), aquelas que têm boa chance de se tornarem psicoterapeutas um dia.

A independência dos pais e o fato de eles próprios terem limites bem estabelecidos auxiliam a criança a se separar dos pais e ter uma representação interna adequada de si e do outro. Quando isso não ocorre, possivelmente sobrevive um adulto que ou não sabe se proteger adequadamente nos relacionamentos ou não consegue se conter, para não ser ofensivo aos demais (Paciente A). Ainda é possível pensarmos no tipo oscilante que ora se apresenta extremamente invulnerável, ora mostra uma vulnerabilidade extrema.

A CRIANÇA É IMATURA, IMPERFEITA – ela é descoordenada, deixa cair coisas, quebra objetos, cai, suja-se, faz barulho, coloca o dedo no nariz, briga no carro, atrapalhando os pais que dirigem, pede para ir no banheiro nos momentos mais complicados etc. Enfim, age como criança, pois além da falta de coordenação motora, ela carece de conhecimento sobre seus limites, sobre como deve agir diante de dificuldades etc.

Em muitas famílias disfuncionais em que os adultos se colocam como deuses que administram a perfeição (nunca erram e, se o fazem, jamais admitem nem pedem desculpas), as crianças são punidas severamente e ficam envergonhadas por cometerem erros normais. Espera-se que sejam mais adultas do que são, como se tivessem nascido com um manual de informações sobre a vida (Paciente A).

Uma paciente minha lembra-se de ter estado horas e horas dentro de um quarto escuro, com medo, mas não é capaz de lembrar o que fez de errado; portanto, seja lá o que a mãe queria lhe ensinar com o castigo, o aprendizado não ocorreu. Com medo, vergonha, sensação de inferioridade e desvalia, o único aprendizado que pode ser introjetado é o de que não valemos nada como seres humanos (Pacientes A, B, C).

Muitas informações são necessárias para que uma criança entenda como é a vida, e ela aprende por ensaio-e-erro, e/ou com os ensinamentos dos adultos, mas, e sobretudo, com a forma como os adultos agem. Sabemos hoje que crianças criadas com excessiva intransigência costumam se amoldar à expectativa tornando-se, mais tarde, adultos perfeccionistas e controladores; poderão também tornar-se adultos profundamente inseguros, que sofrem demasiadamente quando erram e têm medo de avaliações; ou ainda poderão se rebelar, recusando-se a cooperar e até empenhando-se em ser o contrário daquilo que lhes pedem. Esses são os rebeldes e as crianças ruins e problemáticas da casa.

Costumo dizer aos meus pacientes, brincando: "Faça o que você está querendo, mesmo que sua mãe concorde!", aludindo a esse mecanismo de "ir contra", pois o que percebo é que muitos adultos não seguem nem mesmo as normas que eles colocam para si, sendo incapazes de qualquer disciplina.

Outra forma inadequada de lidar com a imperfeição infantil é ignorá-la, fazendo com que as crianças acabem nunca aprendendo que seu comportamento aborrece ou perturba outras pessoas. Assim também se criam pessoas que serão consideradas inoportunas e chatas pela sociedade, simplesmente porque não têm consciência de que seu comportamento é abusivo e perturba o outro.

Finalmente, penso que um dos aprendizados mais preciosos que se pode dar às crianças seja mostrar que, de vez em quando, todos, inclusive seus pais, cometem enganos e que, quase sempre, existe a possibilidade de reparação do erro ou, no mínimo, de um pedido de desculpas.

A CRIANÇA TEM UMA FORMA DE PENSAR CONCRETA E RADICAL – a criança não discrimina diferenças sutis entre as qualidades das pessoas e objetos. Sua concretude de pensamento faz com que ela pense de forma polarizada e extremada: ou é bom ou é ruim, é tudo ou nada, agora ou nunca etc. Os gestalt-terapeutas (Perls, 1973:46-48) descrevem outra peculiaridade da mente infantil que é a assimilação de introjetos, pedaços inteiros de idéias, como se a criança engolisse os alimentos sem mastigálos. Piaget (1926:54-74), por seu turno, mostra-nos que só a partir de 8 anos as crianças começam a poder entender experiências separadas e assimilar diferenças. As crianças muito pequenas acham que são o que os outros dizem que elas são, por isso se incomodam tanto com as gozações.

Pois bem, diante dessas quatro características de uma criança: valoração, vulnerabilidade, imperfeição e pensamento radical, podemos inferir o que significa *necessidade de dependência básica do ser humano*. Significa poder contar com pais que:

* façam-na sentir-se *preciosa*, *importante* e providenciem o que necessita enquanto não for autônoma;
* dediquem tempo e atenção para poder ajudá-la a definir seus próprios limites e a obter as informações de que precisa para lidar com a realidade e com suas próprias necessidades;
* permitam que a criança expresse seus impulsos agressivos e hostis sem se destruírem e sem destruírem a auto-estima da criança; ao mesmo tempo, também se permitam a expressão de reações agressivas e hostis, respeitando a assimetria intrínseca do vínculo;
* permitam que a criança seja criança e ganhe autonomia ao crescer;

- sejam pessoas coerentes, consistentes, previsíveis que ensinem e ajam da mesma forma;
- sejam seres falíveis, que admitam seus erros e peçam desculpas.

É bem possível que, ao ler uma lista tão extensa, o leitor me considere uma pessoa exigente, ou ache que esses pais ideais são tudo menos humanos e que um quarto das características descritas já é suficiente para uma criança crescer razoavelmente adequada. No entanto, tenho percebido que a cada desconto que se dá aos pais, conta-se um ponto numa lista enorme de abusos infantis, e que crianças submetidas a qualquer tipo de abuso ou à negligência destas necessidades básicas de dependência crescem apenas física e socialmente, enquanto emocionalmente continuam, de alguma forma, humilhadas, órfãs e prejudicialmente envergonhadas, reivindicando aquilo que não tiveram, tentando reparar, a qualquer preço, sua auto-estima, sua dignidade, seu narcisismo ferido.

Abuso infantil
(Não é um exagero chamar fatos tão corriqueiros de abuso?)

Os estudos (Kreisman, 1989; Bradshaw, 1988; 1990) sobre personalidades narcísicas *borderline* e co-dependência ampliam o conceito de abuso infantil, outrora quase limitado a eventos extremos, tais como abuso sexual. Atualmente, considera-se que os pais abusam da criança toda vez que não respeitam a hierarquia da relação pais-filhos, ou seja, sempre que não protegem a criança e não a ajudam a se desenvolver.

O vínculo pais-filho pressupõe uma hierarquia em que duas pessoas adultas resolvem ter uma criança pela qual serão responsáveis até crescer. Existe uma legislação que rege essa relação, atualmente sendo revista nos EUA. Quero rapidamente listar algumas formas de abuso infantil:

Abuso sexual

É o abuso que mais envergonha, é mais freqüente do que se imagina e envolve a família inteira. Envolve não só o fato de um ou ambos os pais obrigarem a criança a manter relações sexuais físicas com ele(s), mas também formas sutis de ultraje, tais como:

INTIMIDAR SEXUALMENTE – criar situações em que a criança vê ou ouve coisas que não quer, não pode entender, ou que a envergonham. É o caso de crianças que, por "descuido" dos pais, ouvem ou observam suas relações sexuais, ou ainda o caso de adultos voyeuristas e/ou exibicionistas que observam sexualmente os filhos e/ou se desnudam de forma sexual para serem admirados pelas crianças. Pia Mellody (1989) acredita que ocorre abuso sexual toda vez que um pai tem um relacionamento com um de seus filhos que é mais importante do que o relacionamento que mantém com o cônjuge. Ela alude ao fato de que as crianças precisam de pais, e não de maridos, esposas ou admiradores, e ao fato de que muitos adultos deixam claro que admiram o corpo de seus filhos, que adorariam ter outra idade para poder namorá-los, ou que eles são melhores, mais bonitos, espertos ou capazes que o cônjuge.

CUIDADOS FÍSICOS – por exemplo o uso de enemas, dar banho em crianças mais velhas, podem ser uma forma de abuso sexual disfarçado. Tive uma paciente que secava a vagina da filha para evitar assaduras até a menina ter 10 anos, e só parou de fazê-lo depois da terapia.

AUSÊNCIA DE INFORMAÇÃO SEXUAL ADEQUADA À IDADE – por exemplo, não falar a uma menina que ela irá menstruar, dizer que a masturbação causa lesões físicas etc. As crianças, sobretudo as muito pequenas, nem sempre sabem quando os adultos têm uma intenção sexual. Mas, invariavelmente acabam percebendo-a e se sentindo envergonhadas, lesadas em sua auto-estima e, por não conhecerem bem o fenômeno sexual e terem um pensamento radical, imaginam conseqüências terríveis para seu futuro, passando a se sentir fadadas a um destino trágico.

Abuso físico

Qualquer tipo de punição física: bater, espancar, puxar cabelos, beliscar, trancar no quarto escuro etc., – à criança ou alguém da família, tendo a criança como observadora. Kreisman (1989) mostra que pais que batem em seus filhos apanharam quando crianças (Pacientes A e C).

Abuso emocional

Resulta de uma confusão de fronteiras dentro da família e de uma reversão da ordem da natureza: são as crianças que cuidam de seus pais e não o contrário. Não é só o caso de filhos de alcoólatras, depressivos graves etc., mas ocorre na maior parte das famílias ditas "normais". Uma ou mais crianças da família são especialmente estimuladas para serem as auxiliares da mãe ou do pai, muitas vezes porque esse adulto que pede ajuda é frágil e não consegue se defender de alguma situação abusiva intrafamiliar. A criança assume esse papel especial não porque realmente queira, mas para ajudar os pais de quem depende e/ou para assegurar o seu amor que pode ser perdido se contrariá-los; enfim, para evitar a solidão e o abandono. Paradoxalmente, essa criança eficientemente adulta acaba possuindo dentro de si uma criança abandonada e magoada, pois enquanto cuidava tão bem dos pais, suas próprias necessidades infantis não foram satisfeitas nem respeitadas (Paciente C). Outra forma de abuso emocional é o desrespeito da vontade por parte dos pais da criança, impondo-lhe seus próprios desejos e não levando o dela em consideração. Por exemplo, fazer a criança comer o que não quer, vestir a roupa que odeia etc.

Para concluir, uma criança que não tem suas necessidades de dependência respeitadas e satisfeitas sofre um grave dano em sua identidade básica, passa a desacreditar das próprias necessidades, julgando-as ilegítimas, e o próprio desejo passa a ser considerado como vergonhoso. Seu egocentrismo infantil somado ao fato de precisar manter a idealização dos adultos de quem depende para sobreviver, fazem com que ela, freqüentemente, se atribua alguma culpa pela atitude dos pais, do tipo: "Eu é que sou ruim! Fui má! Sou burra! Tenho algum defeito grave etc.". Essa atribuição acaba, com o tempo, virando um traço da identidade da pessoa.

Uma vez que o abuso é um tópico de segredo na família, a criança julga que é a única do mundo que vive aquela situação; portanto, realmente deve valer menos do que as outras crianças. Nessas circunstâncias, também a criança fica completamente abandonada, órfã e solitária, porque na hora em que o abuso ou negligência acontece, não há ninguém para defendê-la. Conclui daí que jamais haverá alguém com quem possa contar, pois se seus próprios pais não foram confiáveis, quem mais o será?

Como sobrevivemos, então?

Em todas as formas de abuso, os adultos ou extrapolam seus poderes sobre a criança, empreendendo ações violentadoras contra ela, ou se desresponsabilizam de cuidá-la e protegê-la.

Freud (1905:2508-2541) foi quem primeiramente identificou processos automáticos usados pelo ego para se autopreservar cada vez que sofre um choque severo, mas foi Anna Freud (1973) em *Ego e seus mecanismos de defesa* quem definitivamente introduziu a questão das defesas do psiquismo no nosso pensamento clínico contemporâneo. Essas defesas são formas que a natureza humana tem de proteger o psiquismo da criança de situações realmente intoleráveis, até que ela tenha fronteiras egóicas mais definidas e saiba separar o que é seu daquilo que é do outro. Citarei apenas alguns desses mecanismos: negação, repressão, dissociação, despersonalização, identificação com o agressor, conversão etc.

Na realidade, o Eu ultrajado da criança não escolhe um ou outro desses mecanismos para se defender. Usa vários deles alternada ou simultaneamente para formar um sistema de defesa, o mais eficiente possível e que Winnicott (1982) brilhantemente definiu como o *sistema do falso self*.

Falso *self* – nosso adulto bem-sucedido

Nesta tentativa desesperada de esconder de si mesma a realidade do abandono e desvalia em que vive, a criança nega ou substitui suas próprias emoções, criando uma forma alternativa de ser que supõe ser mais valorizada pelas pessoas com quem vive e que não tenha aquelas características vergonhosas e defeituosas de antes. Este ser superior rejeita o verdadeiro, freqüentemente de forma tão ou mais cruel que os pais da criança. Trata-se do sistema do falso *self* que possui as seguintes características:

- É sempre mais que humano ou menos que humano, perfeccionista ou estúpido, vítima, herói da família ou bode expiratório etc. Isto porque as emoções que a defesa vem suprir são emoções humanas. Sem elas, a pessoa se torna algo irreal, como um personagem de livro, por exemplo. Os papéis jogados são, em geral, complementares patológicos de que a família necessita. Há sempre critérios polares envolvidos, critérios que seguem a forma radical e absolutista de pensar da criança.
- A vergonha e o desamparo infantis são as motivações básicas para a criação de qualquer uma dessas polaridades.
- Tão logo se estruture, o verdadeiro *self* começa a ser soterrado, esquecido. Com o tempo, a pessoa perde a consciência de quem realmente era, bem como a lembrança de que criou um personagem para si mesma.
- A função do falso *self* é dupla: enquanto protege a criança abusada e negligenciada, tenta, ao mesmo tempo, conseguir satisfação para algumas daquelas necessidades negligenciadas que a própria criança tratou de negar. Por exemplo, uma criança pode obter atenção se machucando, ficando doente, não comendo, ou sendo a melhor aluna da classe.
- As partes reprimidas e negadas do ego são projetadas nos relacionamentos e constituem a base de muitos ódios e preconceitos. Essas partes projetadas podem ser experimentadas como uma

cisão de personalidade ou personalidades múltiplas (comum em casos de violência física e sexual), gerando uma sensação de irrealidade, de depressão crônica, pela perda de uma parte de si.

• Acompanha o falso *self* um sistema de auto-observação e vigilância constantes, porque é preciso cuidar para que as partes rejeitadas não apareçam e nos façam sentir vergonha e inferioridade. Trata-se de uma autoconsciência tortuosa, que tem um efeito paralisador internamente.

Aspecto multigeracional – contágio psicológico

Os pais freqüentemente justificam suas atitudes em relação aos filhos dizendo que estão fazendo o melhor que podem por eles e que acreditam ser esta a melhor forma de educá-los. Sinceramente, não acho que todos os pais estejam mentindo; talvez alguns sim, mas não todos.

De fato, sabemos hoje que a interpretação daquilo que vem a ser educação infantil depende menos de normas que os psicólogos ou educadores estabelecem como saudáveis e desejáveis, e mais da estrutura emocional dos pais e de como eles próprios foram educados.

Este é o fenômeno que chamei de "Contágio Psicológico", Freud chamava de "Compulsão à Repetição" (1905:2508-2541). É um processo complexo, inconsciente em que, ainda como adultos, buscamos a satisfação das nossas necessidades infantis e o resgate de nossa dignidade ferida.

Nossos filhos e suas atitudes infantis são sentidos, por nossas crianças internas feridas, como os algozes que nos submetem e obrigam a fazer coisas que não queremos. Por isso nós os punimos. Enquanto crianças não podíamos nos defender, ou melhor, podíamos, mas com táticas infantis de defesa[9]. São essas táticas, aliás, ineficientes contra os adultos que nos violentaram, que repetimos com nossas crianças, perpetuando multigeracionalmente e intrafamiliarmente as características abusivas[10].

Este é o "disco riscado" que repete o mesmo trecho da música. Alguém tem de tirar cuidadosamente a agulha da parte riscada, mostrar

---

9 O que chamo de táticas infantis de defesa são todas as descritas por Freud e Anna Freud, além do sistema de Falso *Self* de Winnicott, vistos pela ótica de uma criança, com as características infantis que descrevi acima.

10 Na realidade, comportamentos abusivos, autoritários, desconfirmadores ocorrem em todos os contextos da nossa vida. Eles não são apenas multigeracionais, mas também intergeracionais. Moreno (1992, p. 225) usa o conceito de *proletariado sociométrico* para falar dos grupos isolados, negligenciados e rejeitados, cujos sentimentos não encontram reciprocidade. Nós, os humanos, somos especialistas na criação desses "proletariados sociométricos"; por isso, por exemplo, temos tanto medo de apresentar nossas idéias em congressos.

ao paciente que aquele dano pode talvez até ter algum reparo, ser remendado ou coberto, mas não pode deixar de existir. Por outro lado, o futuro está cheio de discos que potencialmente ainda podem ser tocados, se a agulha for tirada a tempo e não se danificar.

Como o psicodrama pode ajudar essas crianças soterradas dentro de nós?

O psicodrama tem representado, para a minha vida, a melhor assistência técnica para "discos riscados" que já obtive.

Acredito que o psiquismo humano se estruture em torno de uma economia narcísica, ou seja, desde o dia em que nascemos até provavelmente a nossa morte, buscaremos determinar quem somos e qual é o "nosso valor" para os outros e para nós mesmos; nossos critérios de valor modificam-se ou não com o passar do tempo, mas seremos sempre pessoas que buscam seu valor.

Esta é, para mim, a parte intangível do Eu, a que está aquém do papel, e não tenho a mesma certeza que Moreno (1992:185)[11] sobre qual das duas partes surge antes e cria a outra. Acho que essa busca de valor intrínseco é parte da natureza humana, mas disso falarei em outro momento.

O drama da criança ferida que muitos de nós mantêm dentro de si fala de um momento na vida no qual nosso narcisismo foi fragilizado e nosso psiquismo se mobilizou, então, com toda a sua espontaneidade, para reparar o dano cometido. Criamos um antibiótico específico para o mal que nos acometia e o conservamos, feito pedra preciosa, pensando em usá-lo cada vez que outra ameaça à nossa auto-estima aparecesse pelo caminho.

Só que o antibiótico perdeu sua validade e alguém precisa convencer nossa criança machucada de que seu remédio está velho e que ela tem de jogá-lo fora. Na realidade ela já sabe disso, e por essa razão buscou a terapia, só que não conhece ou não sabe utilizar outros remédios, então usa o velho mesmo. Falar apenas não adianta.

Penso que não há nada mais sedutor para uma criança, mesmo uma criança doente e deprimida, do que lhe dar um brinquedo novo ou propor-lhe uma brincadeira inusitada. Sei disso porque trabalhei[12] numa enfermaria de crianças com doenças terminais durante algum tempo, e elas

---

11 "O surgimento do papel é anterior ao surgimento do Eu. Os papéis não surgem do Eu; este pode, porém, surgir dos papéis."
12 Instituto da Criança do Hospital das Clínicas de São Paulo, na enfermaria do 4º andar.

brincavam comigo. O "como se" do jogo descentra nossa identidade básica e, por algum tempo, podemos esquecer quem somos, quais são nossas dores, quais injúrias sofremos e como temos de nos prevenir para que elas não mais aconteçam.

Além disso, no jogo posso ser quem eu quiser, de uma princesa encantadora a um Hitler raivoso. Seja lá quem eu escolher ser, o fato é que, por alguns segundos, deixo de ser eu mesma.

Para mim, uma das grandes forças terapêuticas do Psicodrama reside exatamente em, por meio de um aquecimento elaborado, propor técnicas que descomprometam o sujeito de sua identidade básica, permitindo que ele veja além do que seus próprios olhos não conseguiam ver. No papel do outro posso ver e falar coisas de mim que no meu próprio eu não poderia. Além disso, "o como se" dá concretude a situações, afetos e personalidades, que de outra forma seriam meras idéias abstratas, sem corporeidade suficiente para envolver ninguém. Por exemplo, através do Psicodrama podemos caracterizar e concretizar a criança interna, conversar com ela, trocar de papel etc.

Utilizando a dramatização em cena aberta ou o psicodrama interno, com todas as técnicas clássicas e seguindo a cadeia transferencial de associações do paciente (Perazzo, 1987)[13], tenho achado relativamente fácil trazer à tona esta dramática infantil. Minha experiência tem me mostrado que a terapia propriamente dita só se inicia quando essa criança passa a ser repetidamente identificada pelo paciente e quando ele começa a levá-la a sério. Ele deixa, então, de culpar os outros pelos seus problemas e começa a assumir a responsabilidade por suas dificuldades.

No palco, o drama que começa a ser montado já não é tão freqüentemente entre o paciente e seu átomo social, mas dele com partes suas, personagens fragmentados, sendo cada um deles portador de uma parte de seu sistema de defesa infantil.

Meu maior problema atualmente é auxiliar o paciente a fazer acordos com sua criança interna magoada, pois como toda a criança, esta é teimosa, birrenta e não negocia enquanto não receber o que quer. Só que ninguém pode lhe dar exatamente aquilo que ela quer, o passado não volta. O paciente adulto precisa, a duras penas, e feito um pai tolerante e persistente, auxiliar suas partes infantis a lidar com a frustração, fazer acordos, raciocinar de forma menos extremada e expressar seu desagrado de um jeito não furioso. Isto é o que entendo por rematrizar e o que, para mim, Moreno (1992:153) quer dizer quando define espontaneidade como a "força propulsora do indivíduo em direção à resposta adequada à nova situação ou à resposta nova para a situação já conhecida".

---

13 Acho extremamente interessante o conceito que Sergio Perazzo desenvolve sobre elos associativos e cadeia ou percurso transferencial. Eles me ajudam a organizar a dramatização.

Invento jogos, formas de confronto adulto-criança, peço ao paciente para escrever cartas à sua criança interna, estimulo jogos de papéis, a criação de metáforas, assimilo técnicas de outras abordagens; em psicoterapia de grupo, proponho encontros entre todas as crianças magoadas dos pacientes... Enfim, adoro buscar formas novas de ajudar as pessoas nesta tarefa.

Porém, o que definitivamente sei que funciona é oferecer, por meio da relação paciente-terapeuta, o respeito e a aceitação, a constância e o compromisso, além da capacidade de emoção do terapeuta para com o drama real do paciente. Estas são poções mágicas e, Moreno era mestre nelas. É neste encontro existencial que sou 100% moreniana.

Zerka Moreno (Cukier, 1994) quando esteve no Brasil em 1993, abriu sua palestra dizendo que dentro de todos nós habita uma criança ferida e que considerava uma questão profilática e de saúde pública a criação, urgente, de escolas para pais.

Exultei ao ouvi-la e pensei comigo mesma: será que Moreno concordaria com isto, se estivesse vivo?

Jamais saberei a resposta, mas posso vir a saber o que vocês, que representam o movimento psicodramático moderno, pensam. Aguardo suas respostas.

REFERÊNCIAS BIBLIOGRÁFICAS

BADINTER, E. (1980). *Um amor conquistado – O mito do amor materno*. Rio de Janeiro, Nova Fronteira.

BRADSHAW, J. (1988). *Healing the shame that binds you*. Flórida, Health Comunications, Inc.

_____. (1992). *Homecoming*. Nova York, Bantam Books.

BUSTOS, Dalmiro M. (1994). "Wings and Roots". In: Paul Holmes, Marcia Karp e Michael Watson, *Psicodrama since Moreno*. Londres, Routledge. No Brasil publicado por Leituras 2 – Companhia do Teatro Espontâneo, São Paulo.

CUKIER, R. (1994). "E a Zerka veio...". *Revista Brasileira de Psicodrama*, São Paulo, fascículo II.

ERIKSON, E. (1976). *Infância e sociedade*. Rio de Janeiro, Zahar.

FONSECA, José F. (1980). *Psicodrama da loucura*. 3ª ed., São Paulo, Ágora.

_____. (1995). "Diagnóstico da personalidade e distúrbios de identidade". *Revista Brasileira de Psicodrama*. São Paulo, vol. 3, fascículo 1.

FREUD, A. (1946). *O ego e seus mecanismos de defesa*. 9ª ed., Rio de Janeiro, Civilização Brasileira.

FREUD, S. (1914). "História do Movimento Psicanalítico". In: *Obras Completas*. Madri, Biblioteca Nueva, 1973.

_____. (1905). "Mais além do princípio do prazer". In: *Obras Completas*. Madri, Biblioteca Nueva, 1973.

FREUD, S. (1915). "Os instintos e seus destinos". In: *Obras Completas*. Madri, Biblioteca Nueva, 1973.

GOLDING, M. (1995). *Doces lembranças de amor: a história da terapia da redecisão*. São Paulo, Gente.

KREISMAN, J. Jerold e STRAUSS, H. (1989). *I hate you-don't leave me – Understanding the borderline personality*. Nova York, Avon Books.

KOHUT, H. (1977). *Self e narcisismo*. Rio de Janeiro, Zahar.

MAHLER, M. (1977). *O nascimento psicológico humano*. Rio de Janeiro, Zahar.

MELLODY, P. (1989). *Facing codependence*. San Francisco, Harper & Row.

MILLER, Alice (1997). *O drama da criança bem-dotada*. São Paulo, Summus.

MORENO, J. L. (1946). *Psicodrama*. São Paulo, Cultrix.

_____. (1992). *Quem sobreviverá?: Fundamentos da Sociometria, Psicoterapia de Grupo e Sociodrama*. Goiânia, Dimensão.

PERAZZO, S. (1987). "Percurso transferencial e reparação". *Revista Temas*, São Paulo, ano XVII, nº 32/33.

PERLS, Fritz (1973). *A abordagem gestáltica e testemunha ocular da terapia*. 2ª ed., Rio de Janeiro, Guanabara.

PIAGET, J. (1926). *A representação do mundo na criança*. Rio de Janeiro, Record Cultural.

WINNICOTT, D. W. (1982). *Ambiente e os processos de maturação*. Porto Alegre, Artes Médicas.

2

QUANDO NARCISO ENCONTROU MORENO*

O psicodrama dos distúrbios narcísicos de personalidade

Era uma terça-feira normal em Beacon. Moreno tinha uma agenda cheia pela manhã e, à tarde, daria uma entrevista para alguns estudantes sobre seu trabalho na comunidade de Hudson.

Ele estava especialmente bem-humorado naquele dia, quando, ao abrir a porta do consultório, deparou-se com um jovem de mais ou menos 40 anos, bem-vestido e com uma aparência extremamente agradável.

– Oi? Como vai você? – disse abrindo os braços como para saudar com um abraço o visitante.

– Meu nome é Narciso – respondeu altivo, estendendo-lhe a mão mole, que mal tocava a mão de Moreno e, definitivamente, esquivando-se do abraço.

– Ah! Sim, Narciso... Você é...

– Sim, aquele do Mito, aquele de quem todos falam por sua extrema beleza e por sua total incapacidade de amar outro ser humano.

– Oh!!! Que prazer sr. Narciso, faz muito tempo que eu queria conhecê-lo, sinto-me muito honrado com sua visita.

---

* J. L. Moreno, psiquiatra romeno radicado nos Estados Unidos, pai da sociometria, do psicodrama e da psicoterapia de grupo.

– Sim, eu sei. Na realidade eu é que me surpreendo de ter vindo aqui. Procurei antes o dr. Freud, aliás uma pessoa muito criativa, ensinou-me bastante sobre a libido, o complexo de Édipo e outras coisas mais... mas não me ajudou a conseguir o que eu mais queria. Na verdade, por incrível que possa parecer, quero poder amar uma mulher, casar e ter filhos, quero ter sentimentos, essas coisas que as pessoas falam que acontecem dentro delas.

– O senhor não tem sentimentos? – pergunta-lhe, espantado, Moreno.

– Eu sinto um vazio, um nada. Às vezes parece que algo vai acontecer dentro de mim, como naquele dia em que Eco disse que me amava e que minguaria, tornando-se apenas voz, caso eu não lhe correspondesse.

– Sim e aí, o que aconteceu? – instiga Moreno

– Aí sinto o gelo, algo como um *iceberg*, que congela tudo e não tenho mais sensações. Meus dias transcorrem iguais, sem graça... Parece que nada, nem ninguém, acrescenta qualquer nuança a esta mesmice. Estou entediado da vida.

– Não é possível – provoca Moreno – e como é ser tão amado? Todas as mulheres o querem e, cá entre nós, isto é o que todos os homens desejam!!!!

– Acho normal... não me diz nada... é assim que deve ser, só.

Moreno sentiu-se um pouco desconcertado – algo da soberba deste outro ser humano parecia contaminá-lo, como se sentisse repelido, inferiorizado; Narciso parecia jogar um balde de água fria na sua calorosa espontaneidade.

– Bom – disse, sacudindo as enormes mãos –, vamos ver o que podemos fazer. Venha cá, Narciso, vamos andar por este palco um pouco... Aqui é o lugar do impossível, da fantasia, do sonho... aqui tudo pode acontecer...

continuação da sessão com **Moreno**

– *Diga-me, como seria se acontecesse aquilo que você mais quer – mulher, filhos, sentimentos...*

– *Acho que eu poderia sorrir, como um garoto que conheci quando criança, que tinha o sorriso mais largo e sincero do mundo.*

– *Como era o nome dele?*

– *Térpido.*

– *Muito bem – diz Moreno, caminhando no palco, você agora é Térpido; que idade você tem?*

– *Eu, Narciso ou Térpido? Parecendo confuso.*

continuação da sessão com **Bustos**

– *Eu queria que você respirasse fundo, Narciso, e mostrasse no seu corpo como é o* iceberg *que você disse congelar suas emoções.*

– *Você quer que eu faça um* iceberg, *como assim?*

– *Isso mesmo, mostre no seu corpo, como num jogo de mímica – explica prontamente Bustos.*

– *Eu fico todo duro... – Narciso se contrai, estica as mãos e fica na ponta dos pés – ...não respiro quase... e sou grande – abre as mãos muito esticadas e gira o corpo 360°.*

42

– Térpido – replica Moreno –, o menino que sorri.

– Eu tenho a idade de Narciso.

– E que idade é essa em que ele te vê sorrindo?

– Nós somos pequenos, uns três ou quatro anos.

– Você é feliz?

– Sou, apesar de Narciso ser o mais bonito.

– Por que você é feliz?

– Por tudo... que pergunta mais besta! (Narciso parece irritado com Moreno) – Besta mas... teu amigo bonito, aí do lado (aponta uma almofada), não é feliz.

– Agora sim que você falou uma idiotice total – comenta irritado o protagonista. – Ele tem tudo, todos dizem que o filho da Liríope é o mais lindo da cidade; vêm pessoas de todo o mundo olhar a beleza dele, como ele não é feliz?

– Não sei, mas ele não é. Você conhece alguma coisa da família dele – apontando para a almofada que representa Narciso.

– Conheço a mãe. O pai disseram que é um tal de Céfiso e..., vou lhe contar algo em segredo – a voz de Narciso se aquieta, pedindo conluio.

– Eu sou um túmulo!! – assegura-lhe Moreno.

– A mãe dele foi estuprada pelo pai; nem queria ter esse menino, mas como ele nasceu tão lindo, ela começou a gostar dele. Na verdade ela começou a gostar de exibi-lo a todos. Ela, Liríope, a estuprada, virou a famosa mãe do filho mais lindo do mundo!!

– Ah! Que bela história, tão pouca gente a conhece, não é?

– Quase ninguém – essas coisas

– Puxa sr. Iceberg, como o senhor é grande, não? E gelado..., é bom ser assim?

– Lógico que é bom! Eu sou forte... não pensa que se trata de um gelo fraquinho, como esses de fazer bonecos de neve. Eu sou um iceberg, eu posso afundar um navio de grande porte, tamanha a minha resistência!!!

– Sim!!... Eu vejo!!! – Bustos faz cara de admiração. – Você é mesmo um perigo para os navios! E para o Narciso? O que você faz com ele?

– Eu o ajudo.

– Como? – pergunta Bustos.

– Eu o torno duro, impenetrável, nada o atinge!...

– Hum... e isto é bom para ele?

– Lógico, ninguém vai magoá-lo assim.

– Percebo... – Bustos sacode a cabeça afirmativamente –, você impede que ele sofra, você é um grande e caro amigo.

– Isso mesmo!

– E me diz mais uma coisa, sr. Iceberg, faz tempo que o senhor está na vida de Narciso?

– Sim, desde sempre.

– Como sempre? Ele já nasceu com Iceberg?

– Sempre... ele nunca esteve sem mim... quer dizer... ele era meio bobo quando era criança – afirma relutante Narciso enquanto iceberg.

– Pode me mostrar uma cena dele bobo? – propõe Bustos, curioso.

– A mãe do Térpido levava bolinhos na rua, quando eles brincavam de piques, sabe? Não sei se na Argentina vocês brincam de piques? – olha para Bustos, de forma arrogante.

– Sim, como não – responde Bustos contente – piques é uma brincadeira internacional!!

não se dizem – responde Narciso, completamente aquecido como Térpido fofoqueiro.

– Muito bem, Narciso, você é perfeito para o Psicodrama! Raramente encontrei pessoas que dramatizassem tão bem! Volte a ser você mesmo.

– Bom, e daí, dr. Moreno, o senhor acha que eu tenho cura?

– Talvez... Depende... – gesticula Moreno

– Depende do quê?

– Eu quero conhecer a tua mãe... Seja ela, dona Liríope, não é??

– Sim – responde Narciso impaciente.

– Quantos anos a senhora tinha quando Narciso nasceu????

– Eu era muito jovem.

– E a senhora era bela como ele?

– Mais ainda! Ele é apenas uma cópia jovem da beleza que originalmente é minha.

– Sei... e a senhora o ama? – instiga Moreno?

– Eu o acho belo, aliás, como Térpido já lhe disse – comenta um Narciso completamente transformado pelo papel –, eu não queria este filho. Mas quis a vida e o Olimpo que eu fosse a mãe deste ser especial – muito justamente aliás, porque eu sou especial!!!!

– Só por curiosidade, dona Liríope... se este moleque tivesse nascido feio, ou até, com uma beleza apenas normal...

– O senhor quer saber o que eu teria feito???? – responde, rapidamente, Narciso (no lugar da mãe).

– Exatamente, a senhora é muito esperta.

– Eu o teria mandado para o campo, para alguém amamentá-lo e criá-lo. Nunca me ocorreu criar o

– Então.... – continua Narciso como Iceberg –, Narciso parece bobo vendo os bolinhos...

– Bobo? O que quer dizer?

– Ele olha, olha, não come os bolinhos, parece distante...

– Ok, sr. Iceberg, o senhor me ajudou muito... respira fundo, Narciso, vamos para esta cena dos bolinhos.

– Eu não sou mais iceberg?...

– Não, você vai me ajudar a ver a cena dos bolinhos...

– Como?

– Vamos montá-la aqui, com estas almofadas. Onde vocês estão, em qual rua?

– Em frente da minha casa, da primeira casa onde morei – responde Narciso.

– Bem em frente? — pergunta Bustos.

– Um pouco mais para lá. Aqui é minha casa, tem um portãozinho de ferro pintado de branco.

– Onde? Aqui? – aponta Bustos e sugere: – coloque uma almofada para mostrar o portão.

Narciso coloca a almofada e, afastando-se alguns passos, coloca outra almofada e diz: – esta é a casa de Térpido, nós brincávamos no quintalzinho dele. Tinha até uma entradinha, onde guardavam os carros, a gente brincava de garagem...

– Bom – responde Bustos, quantos anos vocês tinham...

– Três ou quatro... não sei, a gente ainda não estava na escola.

– Ok, Narciso, troca de lugar com Térpido.

– Térpido, você gosta de brincar de garagem?

– Adoro, tenho um monte de carrinhos e Narciso tem um caminhão.

– Você é feliz? – pergunta um Bustos algo filosófico.

44

filho de Céfiso, aquele mulherengo porco e imundo!!!

– Obrigado, dona Liríope... eu lhe agradeço pela cooperação. Volte ao seu papel, Narciso, seja você mesmo.

Narciso, francamente aborrecido, diz: – Térpido era um menino comum e sua mãe lhe levava bolinhos na rua, e ele sorria porque não tinha de ser belo, nem capaz, nem o melhor, para comprar o amor de sua mãe.

– É verdade... ele realmente era um menino feliz!

– O senhor acha que eu posso virar uma pessoa comum? – pergunta ansioso um Narciso fragilizado.

– Vou lhe dizer algo, Narciso: se você conseguiu ficar deste jeito, acredito que pode ficar do outro também!

– O que o senhor quer dizer com "conseguir ficar deste jeito"?

– Veja, aqui está você pequenininho. Você acha que já nasceu assim, sem afetos?

– Não... eu me lembro de querer os bolinhos da mãe de Térpido. Na verdade, eu queria que a minha fizesse os bolinhos – fala quase chorando.

– Pois bem... Imagina que muitas e muitas vezes os bolinhos não vieram. O que acha que se passou com você?

– Tenho nojo desses bolinhos agora, não os comeria por nada deste mundo.

– Vontade virou nojo, desejo virou gelo... Uma estranha alquimia se processou na sua alma, Narciso, nós precisamos encontrar a fórmula secreta para desfazer a mágica.

– Hoje? – pergunta Narciso, parecendo ansioso e curioso.

– Não, hoje não. Volte daqui a algum tempo, dez dias pode ser. Você mora longe, em Phoenix, não é?

– Sou, apesar de Narciso ser o mais bonito.

– Por que você é feliz?

– Por tudo... que pergunta mais besta!

Narciso parece irritado com Bustos.

– Besta mas... teu amigo bonito, aí do lado – aponta uma almofada –, não é feliz.

– Agora sim que você falou uma idiotice total – comenta irritado o protagonista. – Ele tem tudo, todos dizem que o filho da Liríope é o mais lindo da cidade; vêm pessoas de todo o mundo olhar a beleza dele, como ele não é feliz?

– Não sei, mas ele não é. Você conhece alguma coisa da família dele – pergunta-lhe, apontando para a almofada que representa Narciso.

– Conheço a mãe. O pai disseram que é um tal de Céfiso e..., vou lhe contar algo em segredo – a voz de Narciso se aquieta, pedindo conluio.

– Eu sou um túmulo!! – assegura-lhe Bustos.

– A mãe dele foi estuprada pelo pai; nem queria ter esse menino, mas, como ele nasceu tão lindo, ela começou a gostar dele. Na verdade ela começou a gostar de exibi-lo a todos. Ela, Liríope, a estuprada, virou a famosa mãe do filho mais lindo do mundo!!!!!

– Ah!!! Que bela história, tão pouca gente a conhece, não é?

– Quase ninguém... essas coisas não se dizem – responde Narciso, completamente aquecido como Térpido fofoqueiro.

– Muito bem, Narciso, você é perfeito para o psicodrama!! Raramente encontrei pessoas que dramatizassem tão bem!!! Volte a ser você mesmo.

– Sim... talvez eu volte...

– Posso pedir a Zerka que prepare alguns bolinhos, da próxima vez...

– O senhor está me mandando embora?

– Sim, Narciso, eu preciso dar uma entrevista hoje, da próxima vez teremos mais tempo.

– Ninguém nunca me mandou embora.

– Está vendo? – fala Moreno rindo – Você já está começando a ficar uma pessoa como as outras.

Narciso despede-se intrigado. Na realidade, Moreno o abraça fortemente e bate em suas costas, como nunca ninguém antes ousara. Até a semana!

– Como os bolinhos entravam na história?

– A mãe de Térpido os levava à tarde. Era a melhor hora! Eles vinham cobertos de açúcar vanilado, e ela parecia muito contente em nos servir.

– Ok... Narciso... Respire fundo, e aqui – dando-lhe uma almofada pequena nas mãos –, aqui está o seu iceberg, exatamente no momento em que você começou a criá-lo. Como Deus moldando os seres humanos do barro, você agora vai moldar, pedaço por pedaço, o seu iceberg. Vá fazendo isso e dizendo para que você necessita dele, exatamente na hora desses bolinhos maravilhosos.

– Não quero querer os bolinhos – responde pronta e bruscamente.

– Então diga ao iceberg como ele vai fazer para você não querer os bolinhos.

– Você – dirigindo-se à almofada iceberg –, você congela tudo dentro dele, não o deixe querer nada, nem bolinhos, nem mães que fazem bolinhos, nem mulheres de espécie alguma, nem mais homens, nem brinquedos, nem caminhões...

– Narciso começa a chorar...

Bustos o abraça, calmamente.

– Narciso de três ou quatro anos, um minuto antes de você criar este iceberg, que vai te servir para o resto da vida, do que você realmente estava precisando? Olha os bolinhos chegando nas mãos da mãe de Térpido.... tem açúcar em cima... olha... o que você quer, menino?

– Quero uma mãe igual à dele... não igual à minha que se promove à custa da minha beleza, e que realmente nunca me quis.

– Entendo, Narciso pequeno, e lhe dou razão. Você realmente precisava

*de uma mãe que o quisesse muito,
todos precisam. Mas, olha o iceberg
que você vai criar em seguida, você
realmente acha que o está ajudando a
ter essa mãe?*
– *Essa mãe eu não vou ter nunca,
com ou sem* iceberg... *então prefiro
não querer...*
– *É verdade, essa mãe você não vai
ter nunca, mas talvez possa ter substitutos dela...*
– *Como assim?*
– *Sabe, quero dizer... amigos, namoradas... pessoas que possam de
algum jeito dar um pouco do que você
quer – fala um Bustos negociador.*
– *Um pouco eu não quero. Ou é
tudo ou* iceberg... *não quero nada.*
– *Sei... – Bustos o olha sério –, esta
é sua falsa opção. Ou tudo ou nada e,
pelo jeito, é até onde podemos chegar
hoje...*
– *O senhor não vai tentar me convencer? – fala um Narciso desolado.*
– *Não, não adiantaria. Você tem de
desistir em algum lugar deste tudo, e
aceitar um pouco do que a realidade
pode lhe dar. Algumas pessoas não
desistem nunca... mas a opção é de
cada um.*
– *E o que eu faço?*
– *Volte no outro mês, o Norival vai
tentar "encaixá-lo"...*
– *Eu vou embora assim? – pergunta, desesperado, Narciso...*
– *O que quer dizer "assim"? – argumenta Bustos.*
– *Assim, sem nada...*
– *De novo, sua falsa opção. Tem
algo... que você está levando desta
sessão, mas não tudo... – Bustos vai
subindo a escada que leva para a
porta de saída. – No mês que vem conversaremos mais sobre isto. Até lá.*

O mito de Narciso

Da mesma forma que nas sessões fictícias de Narciso com Moreno, muitos pacientes que recebemos nos surpreendem com um pedido de ajuda ambivalente: a queixa de um vazio existencial, por um lado, e um certo ar *blasé*, de superioridade, por outro. O DSM-III-R[1] aponta como características essenciais do distúrbio narcisista de personalidade o padrão de grandeza – sensação de auto-importância, requerendo constante atenção e admiração; supersensibilidade à avaliação de outros, apresentando reações de raiva, vergonha e humilhação diante da crítica; falta de empatia e egocentrismo; preocupação com sentimentos de inveja.

Esta também é, curiosamente, a conotação popular do termo, pois, desde que o Mito de Narciso (Ovídio, 1983:58-61) foi primeiramente descrito, passando pelo uso que dele fez Freud, "narcisista" tem sido sinônimo de egoísta, orgulhoso, auto-suficiente etc.

Se, entretanto, fosse possível fazer uma escultura de vidro para simbolizar essas pessoas, creio que apenas a parte externa combinaria bem com a descrição psiquiátrica e a popular. Seria a figura de um Homem ou de uma Mulher adultos, ambos altivos, fortes e auto-adoradores.

Já a parte interna dessa composição se mostraria muito diferente. Configuraria uma criança contraída, tampando os olhos ou os ouvidos com as próprias mãos! Vergonha, humilhação, inferioridade, falta de estima pessoal – estes seriam os sentimentos evocados pela face interna da imagem. Desvelada, contaria a história de uma criança que não se sentiu adequadamente amada ou cuidada na infância e que, com tijolos de res-

---

1 *Manual de diagnóstico e estatística de distúrbios mentais* – 3ª edição.

sentimento e/ou promessas de vingança, criou um muro de orgulho e auto-suficiência em torno de si.

O que aconteceu com essa criança? Como uma imagem tão impotente se transforma em outra tão soberba? Como ajudar esses pacientes, se a impressão que eles nos dão é de que não necessitam nada de ninguém? Como o Psicodrama, especificamente, pode auxiliar na compreensão e no tratamento desses distúrbios?

Estas são as perguntas que me movem para escrever sobre o assunto. Vou percorrer um longo caminho na tentativa de responder a elas: partindo do Mito de Narciso narrado por Ovídio, passando pela Psicanálise, pelos Teóricos do *Self*, até chegar em Moreno.

Tentarei mostrar como Moreno, apesar de indiretamente, também se preocupou com as questões ligadas à auto-estima, carecendo, entretanto, de uma conceituação de intrapsíquico que pudesse alojar essas relações do Eu com o Eu. Buscarei, portanto, inferir um modelo de intrapsíquico relacional, compatível com sua obra.

A última parte deste capítulo afirma a minha forma de compreender o desenvolvimento humano, partindo da auto-estima resultante das primeiras relações de dependência até a estruturação de defesas narcísicas. O Psicodrama com cenas regressivas é, então, proposto como instrumento terapêutico fundamental, para lidar com distúrbios narcísicos da personalidade.

Segundo Ovídio, Narciso foi fruto do estupro de Liríope por Céfiso e, desde o seu nascimento, foi-lhe augurado por Tirésias que viveria muito "caso não se conhecesse". Aos 16 anos, dono de imensa beleza, era amado por todos, moços e moças da época, inclusive por Eco, a quem recusa rudemente e que, por amargura, deixa seu corpo e pele se consumirem e evaporarem no ar, sobrevivendo como voz e ossos.

Assim, Narciso decepciona vários jovens, e um deles, despeitado, ergue sua voz aos céus e exclama: "Que ele ame, por sua vez, e não possa possuir o objeto amado!".

A deusa da vingança, Némesis, atende a essa prece e faz com que aconteça o amor de Narciso por sua própria imagem, refletida nas águas de uma fonte, junto à qual ele se sentara para descansar e saciar a sede.

Enquanto bebe, arrebatado pela imagem da própria beleza que vê, apaixona-se por um reflexo sem substância, toma por corpo o que não passa de sombra. Deseja a si mesmo, louva e inspira a paixão que sente, quer abraçar a imagem, mergulhando os braços na água, turvando-a e perdendo o que mais queria!

Deixa de se alimentar ou de cuidar-se, contemplando, insaciável, a imagem mentirosa. Definha e morre pouco a pouco, sem a beleza, o vigor e o ânimo que seduziam os jovens de outrora. Em lugar do corpo, acharam, à beira do riacho, uma flor dourada, rodeada de folhas brancas!

Evolução e uso do conceito de narcisismo na literatura psicológica

O termo *Narcisismo* foi originalmente usado para nomear um tipo de patologia sexual em que a pessoa toma-se como um objeto sexual, amando a si mesma ou a alguma parte de seu corpo. Gradualmente, a aplicação do termo foi estendida para quase qualquer concentração de energia ou interesse psicológico sobre o *self*.

Pulver (1986) sintetiza quatro usos mais comuns do conceito na literatura psicológica:

1. Num sentido clínico, denota uma perversão sexual caracterizada pelo tratamento do próprio corpo como um objeto sexual.
2. Num sentido genético, descreve um estágio de desenvolvimento emocional normal a todos os indivíduos.
3. Em termos das relações objetais, narcisismo é usado de duas formas:
   • caracteriza um tipo de escolha objetal na qual o *self* tem um papel mais importante do que o resto dos objetos;
   • descreve um modo de se relacionar com o ambiente caracterizado pela relativa ausência de relações objetais.
4. Refere-se a aspectos complexos da Psicologia do Ego relacionados à regulação da auto-estima.

Narcisismo como perversão sexual

Freud, em 1910, adota não só o vocábulo "narcisismo" utilizado primeiramente por Paul Havelock Ellis (Laplanche e Pontalis, 1998:287-291), como o sentido que este lhe conferiu, acreditando que a questão do narcisismo se devesse a um desenvolvimento patológico da sexualidade homossexual.

Diz Freud (1910:1599): *"Tomam a si mesmos como objeto sexual; partem do narcisismo e procuram jovens que se pareçam com eles e a quem possam amar como a mãe os amou"*.

Narcisismo como um estágio de desenvolvimento emocional normal a todos os indivíduos

Na sua primeira Teoria Pulsional, Freud opôs as pulsões do ego (interesse, autoconservação, egoísmo) às pulsões sexuais (libido do ego *versus* libido objetal). A questão do narcisismo reacende a discussão sobre a existência desses dois tipos de pulsões (de autoconservação e sexuais) ou se, na realidade, trata-se de uma única fonte de energia, diversamente utilizada.

Isto porque o narcisismo foi explicado de várias formas pelo autor: primeiramente como um complemento libidinal do egoísmo e, portanto, como uma pulsão de autoconservação, normal a todos os indivíduos; em outros momentos aparece como uma fase autoerótica do desenvolvimento normal da sexualidade e, portanto, como uma pulsão sexual.

Em 1909, no caso Schreber, Freud postula uma fase de evolução sexual intermediária entre o auto-erotismo e o amor de objeto:

"...o indivíduo começa por tomar-se a si mesmo, a seu próprio corpo como objeto de amor".

Em *Totem e tabu* (1913), estudando povos primitivos, reafirma a idéia de uma fase narcísica primária no desenvolvimento humano, caracterizada pela onipotência de pensamento, pela superestimação do próprio poder e pelo emprego de técnicas mágicas para lidar com o mundo externo.

Narcisismo como um tipo de escolha objetal e como um modo de se relacionar com o ambiente caracterizado pela relativa ausência de relações objetais

Em *Introdução ao narcisismo* (1914), a discussão freudiana consiste na dúvida sobre a gênese do ego, ou seja, sobre a existência ou não de um ego delimitado desde o início da vida psíquica, pois, para que haja um narcisismo primário deve-se supor que o ego já exista e que tome a si mesmo como objeto de amor. Além disso, Freud já havia postulado na primeira teoria da libido a existência de uma fase normal no desenvolvimento da libido que seria auto-erótica. Qual a relação do narcisismo primário com esta fase normal do desenvolvimento da libido? Para Freud (1914:2018), a libido começaria por investir-se no ego (narcisismo primário) antes de ser enviada, a partir do ego, para os objetos exteriores: "*como um animálculo protoplásmico para com os pseudópodes que emitiu*".

Ele acaba postulando a existência de um narcisismo primário, carga libidinal original do ego, parte da qual é posteriormente transmitida aos objetos; e um narcisismo secundário, processo patológico por meio do qual o homem enfermo retira as catexias objetais e as coloca no próprio ego (esquizofrenias, hipocondria, delírio de grandeza etc.).

Pontalis, concluindo as discussões todas a propósito da questão narcísica e de como encaixá-la na teoria freudiana, afirma:

"desde que FREUD formula a segunda tópica, narcisismo primário passa a significar um primeiro estado da vida, anterior à constituição de um ego, e de que a vida intra-uterina seria um arquétipo. Aqui não há mais distinção entre auto-erotismo e narcisismo. É esta a versão que permanece atualmente. Em resumo atualmente por narcisismo designa-se um estado rigorosamente anobjetal, ou pelo menos indiferenciado, sem clivagem entre um sujeito e um mundo exterior".

Portanto, o ego, segundo Freud, tem duas possibilidades relacionais: ou toma a si mesmo como o objeto da relação, ou a outrem. O narcisismo consiste na primeira dessas opções, que é a mais primária, menos evoluída e, se persistir na vida adulta, é a mais patológica. A segunda opção é a que a literatura consagra como a "verdadeira relação objetal", uma vez que pressupõe uma discriminação do Eu e do Outro, sendo que este é reconhecido como independente, com seus próprios desejos, necessidades e reações.

Narcisismo como um modo de regulação da auto-estima, na psicologia do ego/*self*

Hartmann (1950), o pai da psicologia do ego, foi o primeiro teórico a advogar uma distinção entre os conceitos de *self* e de *ego*. Utiliza o primeiro termo para se referir à pessoa total, incluindo o corpo, e o segundo termo, apenas para nomear uma estrutura psíquica, dentro da teoria estrutural do psiquismo de Freud. Argumenta que o *self* – pessoa total – pode ser comparado e cotizado com o *objeto externo* ou o *outro*; já o *ego* é apenas comparável às outras estruturas intrapsíquicas, ou seja, o *id* e o *superego*.

Esta distinção permitiu não só que se tornasse possível opor representações que a própria pessoa tem de si – auto-representações – com aquelas que ela tem do mundo externo, como pensar no relacionamento entre essas duas categorias. Para a história das psicologias, representa uma espécie de marco porque inaugura toda uma corrente de pensamento que propõe pensar uma etiologia relacional das doenças mentais.

Escolhi destacar muito brevemente o pensamento de cinco autores – Sullivan, Karey Horney, Winnicott, Alexandre Lowen e Heinz Kohut – por acreditar que suas contribuições foram fundamentais para o entendimento da questão narcísica.

Sullivan (1953), talvez um dos primeiros autores a abordar a psicodinâmica do *self*, acreditava que três tipos de experiências interpessoais na infância podiam levar a três diferentes configurações na auto-estima do indivíduo: 1- uma relação prazerosa levaria à personificação de um "eu bom"; 2- uma relação em que a ansiedade é freqüente causaria a formação de um "eu ruim"; 3- um relacionamento intensamente ansiogênico, que estivesse além da capacidade de contenção do sujeito, levaria à personificação de um "não-eu". Para ele, essas personificações da autoestima são tentativas de minimizar a ansiedade que surge, inevitavelmente, ao longo do processo educativo entre mãe e filho, e constituem o dinamismo central da organização humana.

Karey Horney (1959:12-15) discordava da psicanálise a propósito do papel central da luta dos instintos nas neuroses. Para ela, as atitudes que uma pessoa tem consigo mesma é que constituem o núcleo dos conflitos e o narcisismo é apenas uma atitude de auto-exaltação do *self*, de auto-amor, na ausência das qualidades necessárias para tanto. Diz que este auto-engrandecimento é sempre conseqüência de uma vida infantil problemática, povoada por inseguranças e medos, em que os laços afetivos são fracos.

Nessas circunstâncias, o eu real é perdido e a auto-inflação representa uma tentativa desesperada de manter alguma possibilidade de vida psíquica e, ao mesmo tempo, atrair a admiração dos outros como um substituto do amor, que não está disponível. Auto-estima e narcisismo são, para essa autora (Horney, 1950:173-178), conceitos mutuamente exclusivos: o primeiro significa um automonitoramento e uma auto-aprovação saudável; o segundo, ao contrário do que se pensa, não significa auto-amor, mas alienação de si mesmo, a criação de uma ilusão de grandiosidade no lugar de um vazio, de uma ferida.

Winnicott (1982:128-139) desenvolve a conceituação de um "*self* verdadeiro" e de um "falso *self*". O *self* verdadeiro está ligado ao corpo, às funções corporais, inclusive à respiração e ao coração. Surge como a força que a mãe confere às expressões onipotentes do ego frágil da criança. Uma mãe "não suficientemente boa" deixa de alcançar as reais necessidades da criança e confunde o que a criança precisa com aquilo que ela, mãe, deseja. A criança substitui, então, suas necessidades reais por aquelas que supõe serem aceitáveis pela mãe. Produz vários graus de "falso *self*", numa tentativa de manter vivo algum aspecto do verdadeiro *self* e, ao mesmo tempo, dar conta das demandas do ambiente.

Alexandre Lowen (1983) postula que o termo "narcisismo" descreve uma condição psicológica e uma condição cultural. No nível individual, indica uma perturbação da personalidade caracterizada por um investimento exagerado na imagem da própria pessoa à custa do *self*, corpo vivo com todas as suas sensações e sentimentos.

Humilhação na infância, falta de confirmação e de cuidado por parte dos pais, lutas de poder na família, sedução por parte de algum adulto significativo, são algumas das razões citadas pelo autor para a estruturação daquilo que chama "caráter narcisista". A criança sofre uma "grave lesão narcísica", ou seja, um golpe desferido por seus cuidadores primários ao seu amor-próprio.

No plano cultural, o narcisismo pode ser considerado a perda de valores humanos, a ausência de interesse pelo meio ambiente, pela qualidade de vida, pelos seres humanos, seus semelhantes. É a ênfase no lucro, na riqueza e no poder, em detrimento da sabedoria, do respeito e da dignidade humanos.

Heinz Kohut (1984) concorda com Freud quanto à existência de uma fase de "narcisismo normal" no desenvolvimento infantil em que o bebê, indiferenciado, experimenta-se fundido à mãe. É uma fase de plenitude e perfeição.

Com o crescimento, as tensões e frustrações inevitáveis, impostas pela realidade (cólicas, dores de barriga, fome, frio, espera pela comida), perturbam o equilíbrio narcísico primário, frustrando o bebê e forçando-o a criar novos sistemas de perfeição dentro de si: o *self* narcísico (Eu perfeito) e a introjeção da imago parental idealizada (Tu perfeito).

A manutenção desses sistemas internos de perfeição continua durante todo o desenvolvimento, de forma que quanto mais a realidade se impõe, ou seja, quanto mais o bebê percebe que a mãe não é perfeita (não lhe pertence, não faz tudo na hora que ele quer, por exemplo), mais ele tenta recriar essa perfeição dentro de si, como se, ao possuí-la, pudesse tolerar melhor a dor da perda externa.

O exibicionismo (para obter a qualquer custo o "brilho" do olhar da mãe) e fantasias grandiosas e onipotentes (todo o bom fica dentro do bebê – *self* narcísico – e todo o mau vai para fora) são as formas que o bebê tem de tentar recuperar o objeto perdido; elas se alternam e geram vergonha, culpa e "fúria narcísica", se não encontram satisfação.

O narcisismo para Moreno

Moreno sabia e buscava dar relevância ao poder que um ser humano tem sobre o outro, à importância de se sentir querido e aceito, não só nas primeiras, mas em todas as relações afetivas, ao longo da vida. Sempre esteve interessado nas minorias não aceitas, nos proletariados sociométricos (1992:225)[2] buscando reinseri-los em algum grupo. Fez isso por meio da sociometria, sobretudo usando o teste sociométrico, cuja proposta básica era permitir às pessoas que escolhessem as relações e os agrupamentos com quem gostariam de estudar, trabalhar e viver.

---

2 Moreno usa o conceito de proletariado sociométrico para falar dos grupos isolados, negligenciados e rejeitados, cujos sentimentos não encontram reciprocidade.

Moreno não se ocupou, de forma direta, da questão da auto-estima ou do narcisismo em nenhum momento de sua obra. E não o fez, provavelmente, pela ênfase que sempre deu aos aspectos relacionais. O mais perto que chegou para refletir as questões da relação do Eu consigo mesmo foi a formulação do conceito de *autotele* (Moreno, 1992:140), usado para falar da relação da criança consigo mesma e com sua imagem, e a propósito do colapso da auto-imagem dos psicóticos. Algumas vezes, Moreno parece se referir à noção de *valor pessoal*, mas o termo que usa é o de *"status"*. Menciona, por exemplo, *"status* sociométrico"* (1974:234-235; 1992, vol. III:194-197), referente ao total de escolhas que um indivíduo tem dentro de um grupo; *"status* do homem na ordem cósmica"* (1984:24), a propósito do abalo que representou para o orgulho do homem as descobertas copernicanas etc.

Outras vezes, por conta das resistências (1992:202-203)[3] suscitadas pelo teste sociométrico, ele parece compreender que existe uma "dor interna" quando uma pessoa não é escolhida da forma que imaginava, mas tampouco se aprofunda nessas questões.

No Grupo de Estudos de Moreno[4] – GEM –, dizemos, brincando, que às vezes a aplicação do teste sociométrico "faz sangrar" alguns indivíduos e alguns grupos. Luís Falivene (1984), com preocupações semelhantes, alerta para a importância do "desejo de ser escolhido", enquanto uma variável interveniente na aplicação do teste. Mais adiante neste capítulo desenvolverei a idéia de uma matriz de desenvolvimento da auto-estima que nos permitirá explicar essa questão e perceber que o teste sociométrico é, não intencionalmente, um ótimo diagnosticador de problemas narcísicos.

Penso que se Moreno estudasse a questão narcísica priorizaria a etiologia relacional dos sintomas, o que o situaria mais próximo dos teóricos do *self* do que da explicação pulsional ou energética freudiana. Neste sentido, é interessante perceber como a maior parte dos autores (Morrison, 1986) que cita o mito de Ovídio enfatiza um aspecto apenas da história

---

3 Moreno diz: "A resistência, à primeira vista parece paradoxal, já que surge frente à real oportunidade de ter uma necessidade básica satisfeita. Essa resistência do indivíduo contra o grupo pode ser explicada. É, por um lado, o medo que o indivíduo tem de conhecer sua posição no grupo. Tornar-se consciente dessa posição, por si próprio ou por intermédio de outros, pode ser doloroso e desagradável. Outra fonte de resistência é o medo de que ela possa tornar-se manifesta para outras pessoas de quem gostamos ou mesmo de quem não gostamos e qual seria a posição no grupo que, realmente, queremos e precisamos. A resistência é produzida pela situação extra-individual de um indivíduo, pela posição que ele tem no grupo. Ele sente que sua posição no grupo não resulta de seus esforços individuais. É, principalmente, o resultado de como os indivíduos, com quem convive, se sentem em relação a ele. Poderá até sentir, ligeiramente, que além de seu átomo social existem tele-estruturas invisíveis influenciando sua posição. O medo de expressar os sentimentos preferenciais que uma pessoa tem pelas outras é, na verdade, o medo dos sentimentos que os outros... nutrem por ele."
4 GEM – Grupo que estuda a obra de Moreno em São Paulo.

que é exatamente o fato de Narciso ser incapaz de amar outras pessoas e só se apaixonar pela própria imagem. A psicanálise, principalmente, escolhe este trecho para exemplificar a introversão da libido. Já o estupro da mãe de Narciso, que Ovídio descreve na primeira frase de seu relato, usualmente não é levado em conta nas análises do mito, e os aspectos relacionais e reativos dessa história são muito pouco enfatizados.

Enfim, acredito, como mostrei no exemplo fictício do início deste capítulo, que Moreno daria menos importância à grandiosidade ostensiva do paciente e buscaria entrar em contato com sua fragilidade pessoal e com o *locus*, *status nascendi* e *matriz* dessa resposta defensiva. Como se a figura grandiosa fosse apenas uma das formas de relacionamento que esse paciente desenvolveu ao longo da vida, um dos papéis que joga com o mundo e por meio do qual podemos inferir seu *self* mais profundo.

Talvez o que realmente nos falte na obra moreniana para podermos avançar no entendimento das relações do Eu com o Eu seja uma concepção de intrapsíquico que possa sediar essas relações.

O que é intrapsíquico para Moreno?

Moreno (1984:21, 56, 69, 17) usa muitas vezes a palavra *self* (em português traduzido por "eu") e algumas poucas o termo "ego" (1992:184-185), para se referir ao intrapsíquico. De seus escritos (1992:185), fica claro que ele sempre se mostrou mais interessado nos aspectos observáveis das relações humanas do que naqueles escondidos, inconscientes, que só podem ser alcançados por um esforço metapsicológico e teórico.

"Trabalhar com o conceito de papel, como referência, parece ter mais vantagens metodológicas do que o trabalho cuja referência seja a personalidade ou ego. Estes últimos são menos concretos e vêm envoltos em mistérios metapsicológicos."

Os aspectos tangíveis do que é conhecido como "ego" são os papéis nos quais opera, diz ele (1992:185), deixando-nos um buraco conceitual a respeito do intangível, daquilo que poderia constituir o intrapsíquico.

Desde seus primeiros livros (1984:21), já pensava no *self* como uma configuração de papéis particulares e coletivos, recusando-se a aceitar qualquer concepção de psiquismo individual, separada do meio. Aliás, toda uma corrente de psicanalistas culturalistas também advogava questões semelhantes.

Em uma de suas afirmações mais citadas (1992:185; 1975:210), diz: "o surgimento do papel é anterior ao surgimento do eu. Papéis não emergem do eu, mas este pode, porém, surgir dos papéis", nos mostrando que seja o que for esta coisa intocável, é posterior e depende do surgimento dos papéis.

Quanto à definição de papel, diz:

"O papel pode ser definido como uma experiência da unidade sintética em que se fundiram elementos privados, sociais e culturais" (1975:238).

"Todo papel é uma fusão de elementos particulares e coletivos; é composto de duas partes – seus denominadores coletivos e seus diferenciadores individuais" (1992:184-85).

"Os papéis não precisam ser definidos – eles próprios se definem ao emergir do status nascendi *para sua forma madura. Alguns papéis são postulados por uma situação legal (o advogado, o criminoso), alguns são postulados por uma situação tecnológica (como locutor de rádio) e outros são-no por uma situação fisiológica (a pessoa que come); mas só durante o trabalho psicodramático podemos ver como eles se formam espontaneamente" (1975:399).*

Moreno parece dizer que cada papel é remanescente de alguma relação em nossas vidas e que os diferentes papéis constituem expressões de nossa identidade inseparáveis de contextos. Ele, definitivamente, não queria abandonar a esfera relacional, mas tampouco nos deixou um modelo desse psiquismo relacional, composto de vários papéis.

Se quisermos, portanto, inferir sua posição sobre a questão narcísica, teremos de construir antes um modelo de intrapsíquico compatível com sua obra.

Um modelo de intrapsíquico relacional

Se nos permitirmos ser espontâneos dentro da obra moreniana, poderemos talvez construir um modelo de intrapsíquico multifacetado, em que cada uma das várias partes emerge de um dos inúmeros papéis que jogamos durante nossa vida. (Figura 2.1)

Esta proposta de atomizar o ser humano parece muito mais dinâmica e moreniana, sem dúvida, do que a velha[5] noção psicanalítica de um único ego que tenta se equilibrar entre as demandas de um lado instintivo e as exigências de uma parte superegóica e moralista.

---

5 Na psicanálise, a Teoria das Relações Objetais já advoga a idéia de partes internalizadas que constituem objetos internos dentro do ego. Jung (1977) também se refere a um ego não uno, formado de vários complexos, como se fossem pequenas personalidades com vida própria. Na psicanálise moderna, Neville Symenton (1993) também fala que nós não somos os únicos donos da casa, nosso *self* é composto de diferentes partes, e o maior problema do ser humano é conquistar uma harmonia entre elas.

Figura 2.1. *Intrapsíquico relacional.*

Outros autores dentro do Psicodrama seguiram essa mesma linha de pensamento. Bustos (1994:63-67), por exemplo, ao elaborar o conceito de *clusters*, engloba estes átomos em três moléculas dinamicamente agrupadas: cluster materno, paterno e fraterno.

Pitzele (1992:35-53), numa releitura de Moreno, deduz que somos uma espécie de "coletivo de papéis", uma companhia teatral ambulante, com vários atores possíveis dentro de nós.

No nosso meio, Fonseca (1995:25) aponta na mesma direção, quando diz: "O Eu global é formado por inumeráveis e pequenos eus parciais".

Antony Williams (1989:144-148) propõe a existência de cinco componentes de um papel: 1- contexto; 2- comportamento; 3- crenças; 4- sentimento; 5- conseqüências. Assim considerado, o conceito de papel ganha a complexidade de uma minipersonalidade dentro do Eu.

O problema desta concepção de psiquismo é entender como as diferentes partes convivem entre si. Existem hierarquias? Quais partes são mais importantes? Quem, dentro de nós, comanda esta trupe teatral e quais os critérios que utiliza para usar determinado ator ou outro? Como é a sociometria interna desta população que nos habita? Existem partes "mais compatíveis" que se atraem reciprocamente e outras "incompatíveis", com nenhum esboço télico perceptível?

Bustos (1990:77-78) fala da existência de um papel gerador na nossa identidade, que organizaria os diferentes papéis, "tingindo o desempenho de todos os papéis como uma matiz mais ou menos identificável".

Minha curiosidade é a respeito do funcionamento deste papel central – quais são seus critérios, como ele evolui?

Minha posição

"Há um moleque, há um menino, morando dentro do meu coração, toda vez que o adulto fraqueja, ele vem me dar a mão."

Milton Nascimento

Penso que estes diferentes aspectos de nossa identidade, ou estas diferentes possibilidades relacionais que temos e que Moreno chama de papel, organizam-se de acordo com uma espécie de "Sistema de Manutenção da Auto-estima", ou seja, nós acionamos uma ou outra dessas formas relacionais, de acordo com aquilo que precisamos para manter nosso valor interno equilibrado ou dentro de parâmetros de autovaloração suportáveis. É como se houvesse uma central sociométrica dentro do Eu que, a todo o momento, avalia qual o valor do Eu para si e para os outros.

Cada pessoa possui, provavelmente, um nível ótimo de valor pessoal que seu psiquismo precisa manter para sobreviver psicologicamente. Quando este autovalor ou auto-estima está muito baixo, recursos defensivos são criados para tentar otimizar o valor pessoal, por meio de uma certa compensação de forças. Os diferentes papéis que desempenhamos seriam modos aprendidos de lidar com determinadas relações para que esse valor intrínseco se mantenha em níveis suportáveis. Por exemplo, a defesa narcísica promove uma auto-inflação do valor pessoal quando a auto-estima está baixa.

Acredito que das primeiras relações de dependência se estrutura o papel central de nossa identidade. O valor que o Eu adquire nesta primeira avaliação será determinante das manobras compensatórias que ele terá de fazer para manter seu narcisismo em níveis suportáveis.

Como tudo começa

Acho que nós, seres humanos, temos como núcleo organizador da nossa vida psíquica uma espécie de central avaliadora, que pesquisa ativamente desde o dia em que nascemos quanto prazer ou desprazer estamos experimentando a cada momento.

Todo mundo que já observou um bebezinho chorar de fome não tem dúvidas sobre quanto desconforto e dor ele é capaz de sentir e também o tanto de prazer e bem-aventurança que expressa quando dorme relaxado, solto e saciado. Ou seja, apesar de toda a indiscriminação do início da vida, a criança sente e memoriza as sensações de prazer (satisfação de necessidades como fome, frio, calor etc.) e desprazer (dor física causada, não só mas sobretudo, pela falta de maturação do trato gastrintestinal e pela fome).

É na vivência dos "papéis psicossomáticos" que se formam os registros mnêmicos dessas primeiras experiências de prazer e desprazer. Creio que o psiquismo humano fica marcado para sempre por essas primeiras sensações e só não as considero "fundantes" da vida psíquica porque acho possível a existência de um psiquismo fetal, embora a ciência não tenha ainda pesquisas conclusivas a respeito.

De qualquer forma, no início da vida extra-uterina a criança não sabe de onde vêm o prazer e o desprazer. Ela, o mundo, a mãe e o seio, ela, a cólica, a cólica e a mãe – tudo enfim é percebido como um todo indiscriminado. Só aos poucos, conforme amadurece o sistema neurológico e através da repetição da experiência, a criança vai associando o prazer com a presença da mãe ou cuidador e o desprazer com sua ausência (isto quando se trata de uma criança normal, com pais normalmente provedores e cuidadores).

Com o tempo, a simples presença da mãe é capaz de gerar sensações de conforto e bem-estar e, eventualmente, sua ausência demorada acaba provocando sentimentos de angústia e desespero. A criança também aprende a chorar para chamar a atenção da mãe e para manter a atenção dela. Sorri e recorre a outros comportamentos valorizados pelos adultos.

Ou seja, aquilo que inicialmente era decodificado como prazeroso porque saciava uma necessidade fisiológica de sobrevivência, começa a ganhar certa independência e já não precisa da necessidade fisiológica para ocorrer (Freud, 1905:1119-1200)[6]. A presença da mãe e/ou cuidador(es) começa a gerar prazer, mesmo quando não há nenhuma necessidade a ser satisfeita. É o prazer de ser visto, tocado, cuidado, ouvido por alguém que potencialmente é mais poderoso e que outorga ao bebê certo poder, se o cuidador escolhe ficar com ele. O contrário também é verdadeiro, começa a existir a experiência de desprazer cada vez que o cuidador não aparece, ou aparece e não dá toda a atenção que o sujeito espera.

Este novo tipo de prazer-desprazer é o que vai constituir aquilo que chamo de "Economia Narcísica ou Sistema de Manutenção da Auto-estima", um segundo sistema dentro do psiquismo acoplado ao que regula

---

6 Freud (1905), em *Três ensaios sobre a teoria da sexualidade*, desenvolve a teoria de que, na origem, as primeiras satisfações sexuais aparecem por ocasião do funcionamento dos aparelhos que servem para a conservação da vida. Fala em "escolha anaclítica de objeto", mostrando como as pulsões sexuais se apóiam nas de autoconservação. Penso que não somente a satisfação sexual se apóia nessas primeiras experiências de prazer-desprazer, mas também a satisfação narcísica de se perceber alvo da atenção e valoração alheias.

60

o prazer e desprazer corporais, encarregado de determinar, a todo o instante, qual o valor do Eu para o Outro (quanto o Outro estima o Eu) e para si mesmo (auto-estima).

A utilização do termo "Economia Narcísica" é analógica, usa a idéia de auto-interesse (Narciso que só pensa em si mesmo), mas também a de homeostase ou economia, mostrando a função autoprotetora desse mecanismo dentro do psiquismo. O prazer neste sistema narcísico é alcançado quando a auto-estima do indivíduo está elevada e o desprazer ou dor narcísica, quando a auto-estima é escassa.

Além disso, os dois sistemas prazer-desprazer corporal e prazer-desprazer narcísicos funcionam de forma interdependente: quando existe prazer corporal também existe prazer narcísico e vice-versa. Por isso, muitas vezes não entendemos quando uma criança continua chorando após uma queda não muito grave e aparentemente sem danos físicos. É preciso bater na pedra que fez a criança cair, para que ela se sinta vingada, sua auto-estima restituída, e ela possa parar de sangrar narcisicamente.

Critérios para a manutenção da auto-estima

Sabemos todos por experiência própria que existe uma dor que não é física, mas psicológica. A auto-estima precisa ser mantida dentro de alguns níveis de valoração, senão produz-se dor – é a dor de não ser amado, a dor de se perceber pouco importante para o outro, a dor de se sentir vulnerável, a dor de se sentir enganado, traído etc.

Isto é o que Kohut (1984:80-121) chama de Injúria Narcísica – a súbita percepção de que o Eu que se julgava valorizado por outrem na realidade não o era. Ela representa uma tragédia monumental, um terremoto psíquico. Equipes de salvamento e resgate são automaticamente acionadas e nosso psiquismo, que funciona maravilhosamente bem nessas situações, usa toda a sua criatividade para produzir remédios na forma de defesas que se acoplam ao Eu criando vários outros Eus – cada um com uma função compensatória do dano ocorrido, um tipo de crença, de comportamento, de afetividade – que acabam por constituir subpersonalidades dentro nós.

Os critérios para o Eu sentir-se valorizado ou não movem-se dentro de parâmetros ditados pelo meio familiar e sociocultural do qual o sujeito emerge; são critérios relativos e algo flexíveis, pois se modificam com o desenvolvimento, com o momento da vida etc. Entretanto, duas regras extremamente simples de serem formuladas coordenam a estrutura central desse sistema valorativo, uma inter-relacional e outra intrapsíquica.

Por inter-relacional entendo todas as relações que uma pessoa estabelece com outras pessoas, desde as primeiras relações com a mãe e familiares até as complexas relações adultas. Neste sentido, sempre que o Eu sente-se valorizado por outrem, gratuitamente ou por algo que tenha feito, seu valor intrínseco e sua auto-estima melhoram; o contrário também é verdadeiro e a pessoa sente-se desvalorizada quando não recebe toda a atenção que deseja.

Já o intrapsíquico é constituído pelas relações que uma pessoa mantém consigo mesma e, neste contexto, a regra para o Eu saber se tem ou não valor é ainda mais simples: o Eu gosta de si quando gostam dele e não se suporta se é rejeitado ou desprezado.

Matriz de desenvolvimento narcísico

Hugo Bleichmar (1987), um estudioso do narcisismo, mostra que os critérios para esta valoração do Eu evoluem com o desenvolvimento. Ele descreve cinco fases nesta evolução, das quais escolhi quatro por me parecerem mais operativas e bastante compatíveis com a evolução da Matriz de Identidade de Moreno (1975:126-129), revista por Fonseca (1980:75-133), constituindo uma espécie de Matriz de Desenvolvimento Narcísico. São elas:

1- A criança sente-se incondicionalmente desejada (Corresponderia à fase da indiferenciação para Fonseca). Em condições normais, os pais desejam o bebê e manifestam esse desejo pela forma como lhe dispensam os cuidados básicos. O bebê, por seu lado, sente-se valorizado e desejado incondicionalmente – o simples fato de existir já justifica o amor que recebe de seus pais. Ele não se discrimina da mãe e, portanto, também não teme perdê-la. Este seria o paraíso narcísico e todos nós, seres humanos, devemos ter marcas mnêmicas dessa experiência, porque de algum modo sempre estamos querendo retornar a ela.

2- A criança quer ser incondicionalmente desejada (Corresponderia à fase da simbiose e ao início da fase do reconhecimento Eu-Tu). Conforme a criança vai se discriminando da mãe, começa a perceber que às vezes tem a presença confortadora dela, outras vezes não; não entende as condições que a mãe ou cuidador lhe impõe, mas já sente que pode ser amada ou rejeitada, perder o amor que outrora tinha, e sentir falta da fase anterior de amor incondicional.

3- A criança deseja ter preferência absoluta e teme o menosprezo (Segundo Fonseca, é a fase do reconhecimento do Eu e do reconhecimento do Tu e o início da fase de triangulação). Aqui a criança já sabe que existem outras pessoas no mundo além de sua mãe e que esta pode escolher estar com ela ou preteri-la. O terceiro se torna presente, rival; a mãe ou o outro torna-se um objeto que escolhe. A criança pode ser preferida (triunfo narcísico) ou relegada (derrota narcísica).

62

Aqui se inicia o campo da rivalidade, inveja e ciúmes[7], do sentimento de terceiro excluído, da luta até a morte, da necessidade de ser o único. É o inferno narcísico e a lógica que impera é: "ou eu ou o outro". **4- A criança deseja ter preferência parcial** (Final da fase de triangulação e fase de circularização para Fonseca). Por último, e nem todos têm acesso a esta etapa, a criança começa a aceitar que a mãe pode desejar outras pessoas, além dela; aceita ser desejada, sem ser a única. É a passagem da lógica de exclusão para uma lógica de conjunção. Para que essa etapa seja atingida, a criança precisa receber, durante seu desenvolvimento, provas seguras de que, mesmo amando a um terceiro, continua sendo amada pela mãe ou primeiro cuidador.

Em função da fase que o indivíduo se encontrar, ele terá critérios diferentes para gostar ou não de si mesmo. Por exemplo, se ele está na fase três e se sentir preterido por alguma razão, sua autovaloração ou auto-estima será extremamente baixa, pois só poderá gostar de si mesmo se for a única pessoa amada, importante, elogiada etc. na relação em questão.

Na realidade, de algum modo espera-se que os adultos "normais" tenham atingido a fase quatro e que possam prescindir do desejo de exclusividade. Nossa clínica é a melhor prova de que isto não é verdade. Além disso, os estudos atuais sobre abuso infantil (Bradshaw,1988; Mellody, 1989; Miller, 1997) nem sequer nos deixam seguros de que a primeira dessas fases seja cumprida. Existem muitas crianças não desejadas, muitos pais negligentes e abusivos e a maior parte de nós adultos, incluindo Narciso, sobrevive e sucumbe à custa de "band-aids psicológicos", ou seja, manobras defensivas com o objetivo de restaurar a auto-estima ferida. O orgulho, a auto-suficiência, o "não desejar ou precisar de ninguém", a depressão, são os remédios comumente usados.

Conclusão

Existe uma verdadeira economia na "circularização" deste desejo de ser desejado e amado pelo outro. A valoração do Eu pelo Eu, ou autotele, usando termos morenianos, depende de sistemas inter-relacionais, ou seja, de como são vividas as relações afetivas primárias.

---

7 O ciúme não depende apenas do desejo de exclusividade, mas do quanto o outro importante (mãe ou correlato) manipula o poder que tem sobre a criança. Por exemplo, pais que distribuem desigualmente o amor ou a admiração que têm pelos filhos criam ciúme ativo no relegado e ciúme potencial no preferido; pais que querem evitar o ciúme entre os filhos e que têm uma espécie de "metro" para medir quanto afeto dão para cada um acabam criando, por acentuarem a sensibilidade, uma propensão ao ciúmes.

Concordo com Fonseca (1995:22) sobre a definitiva importância das primeiras fases da matriz de identidade. Acredito que a forma como a criança experimenta seus primeiros vínculos influi definitivamente no seu psiquismo, exatamente como um "*imprint* emocional", que determina o primeiro valor que ela acreditará ter para o outro e para si mesma. É, por assim dizer, a primeira experiência sociométrica e autométrica de nossas vidas (Figura 2.2), cujo critério é o valor do Eu para as pessoas que cuidam dele. Somos "Nós" antes de sermos "Eu", ou seja, somos um par formado pelo Eu e pelo(s) primeiro(s) cuidador(es). É o relacional, sobretudo a relação que estabelecemos com os primeiros cuidadores, a pedra inaugural da nossa identidade (Erikson, 1976)[8] e também refletirá quais serão as nossas expectativas de relacionamento com o mundo. Sem alguém que possa espelhar nossas necessidades e emoções, não teremos como saber quem somos. Por outro lado, a forma como essa pessoa decodifica nossas mensagens acaba constituindo aquilo que somos, e ela o faz de acordo com seu próprio patrimônio de vivências emocionais.

Este primeiro cuidador ou cuidadores funcionam como uma espécie de ponte relacional entre a criança e o mundo e ocupam, num primeiro momento, o lugar que o Eu da criança ocupará mais tarde.

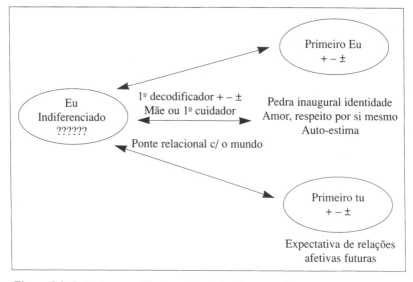

Figura 2.2. *Primeira experiência sociométrica de nossa vida.*

---

8 Erik Erikson define identidade como um processo interpessoal: "O sentido de identidade do ego é a confiança de ter internamente uma mesma coisa, uma continuidade... e isto é conseguido através da previsibilidade e continuidade do significado que eu tenho para o outro".

Um bebê "não sabe", por exemplo, se sua dor é de cólica, se chora porque está molhado, ou se tem dor de ouvido. É a mãe ou o primeiro cuidador quem vai, por meio do cuidado e da decodificação da dor, apresentar o Eu ao Eu, ou seja, depois de uma série de repetições o bebê aprenderá onde dói e o que é preciso fazer para eliminar a dor. Suponhamos que uma mãe, especialmente confusa, raramente compreenda o que incomoda seu bebê; ela pinga gotas no seu ouvido quando ele tem fome, ou lhe dá comida quando ele chora de dor de ouvido. Esta criança terá grandes chances de crescer confusa e irritada, não discriminando suas diferentes necessidades e, de antemão, imaginando que o outro irá frustrá-la.

Se, entretanto, ela for uma criança negligenciada pelos pais, humilhada cada vez que precisar de ajuda ou sofrer formas variadas de abuso emocional, físico ou sexual, é possível que cresça desejando não ter seus sentimentos, não querendo nada dos outros, auto-inflando sua capacidade de autonomia e buscando conquistar uma imagem de poder.

Ser temido, admirado, invejado são os substitutos do desejo básico de ser amado, respeitado, que jamais foi alcançado. Narciso, visto sob esta ótica, é um balão inflado a ar! – por fora, uma imagem adulta poderosa; por dentro, uma criança frágil, impotente e triste.

REFERÊNCIAS BIBLIOGRÁFICAS

AMERICAN PSYCHIATRIC ASSOCIATION. *Manual de diagnóstico e estatística de distúrbios mentais*. 3ª ed. São Paulo, Manole, pp. 369-370.

BLEICHMAR, H. (1987). *O narcisismo: estudo e enunciação da gramática inconsciente*. Porto Alegre, Artes Médicas.

BRADSHAW, J. (1988). *Healing the shame that binds you*. Flórida, Health Comunications, Inc.

_____. (1992). *Homecoming*. Nova York, Bantan Book.

BUSTOS, M. D. (1994). "Wings and roots". In: Paul Holmes, Marcia Karp e Michael Watson. *Psicodrama since Moreno*. Londres, Routledge, pp. 63-77. No Brasil publicado por Leituras 2. São Paulo, Companhia do Teatro Espontâneo.

BUSTOS, M. D. (1990). *Perigo, amor à vista*. São Paulo, Aleph.

ERIKSON, E. (1976). *Infância e sociedade*. Rio de Janeiro, Zahar.

FALIVENE, A. L. R. (1984). "O desejo no teste sociométrico". *Revista da FEBRAP*, ano 5, nº 1, pp. 67-72.

FONSECA FILHO, J. (1980). *Psicodrama da loucura: correlações entre Buber e Moreno*. São Paulo, Ágora.

_____. (1995). "Diagnóstico da personalidade e distúrbio de identidade". *Revista Brasileira de Psicodrama*, v. 3, fascículo 1, p. 22.

FREUD, S. (1905). "Três ensayos para una teoria sexual". In: *Obras Completas*. Madri, Biblioteca Nueva, 1973, pp. 1199-1200.

_____. (1910). "Um recuerdo infantil de Leonardo da Vinci". In: *Obras Completas*. Madri, Biblioteca Nueva, 1973, p. 1599.

FREUD, S. (1914). "Introdução ao narcisismo". In: *Obras Completas*. Madri, Biblioteca Nueva, 1973, p. 2018.

_____. (1924). "História do movimento psicanalítico". In: *Obras Completas*. Madri, Biblioteca Nueva, 1973, p. 1901.

HARTMANN, H. (1986). *Comments on the psychoanalytic theory of the ego (1950): Essays on the Ego Psychology*. Nova York, International University Press, 1964, pp. 113-141. Citado by Marjorie Taggart White – Self Relations, Object Relations, and Pathological Narcissism. In: Morrison P. Andrew, Md. "Essential Papers on Narcissism". Nova York University Press, pp. 146-147.

HORNEY, K. (1959). *Novos rumos em psicanálise*. Rio de Janeiro, Civilização Brasileira.

JUNG, C. G. (1977). "The Tavistock Lectures III". In: *The collected works of C. G. Jung*, v. 18: *The Symbolic Life*. Londres, Routledge e Kegan Paul. (Citado por Symington Neville.)

KOHUT, H. (1984). *Self e narcisismo*. Rio de Janeiro, Zahar.

LAPLANCHE, J. e PONTALIS, J. B. (1998) *Vocabulário de psicanálise*. 4ª ed. São Paulo, Martins Fontes.

LOWEN, A. (1983). *Narcisismo*. São Paulo, Cultrix.

MAHLER, M. (1977). *O nascimento psicológico humano*. Rio de Janeiro, Zahar.

MELLODY, P. (1989). *Facing codependence*. San Francisco, Harper & Row.

MILLER, A. (1997). *O drama da criança bem-dotada*. São Paulo, Summus.

MORRISON, P. A. (1986). *Essencial papers on narcisism*. Nova York, New York University Press.

MORENO, J. L. (1975). *Psicodrama*. São Paulo, Cultrix.

_____. (1984). *O teatro da espontaneidade*. São Paulo, Summus.

_____. (1992). *Quem sobreviverá? Fundamentos da Sociometria, Psicoterapia de Grupo e Sociodrama*. Goiânia, Dimensão.

_____. (1974). *Psicoterapia de grupo e psicodrama*. São Paulo, Mestre Jou.

OVÍDIO. (1983). *As metamorfoses*. Coleção Universidade de Bolso. São Paulo, Tecnoprint.

PULVER, E. S. (1986). "Narcisism: the term and the concept". In: P. A., Morrison. *Essential Papers on Narcisism*. Nova York, New York University, Press, pp. 91-112.

PITZELE, P. (1991). "Adolescentes vistos pelo avesso: psicodrama intrapsíquico". In: Marcia Karp e Paul Holmes. *Psicodrama: Inspiração e técnica*. São Paulo, Ágora, pp. 35-53.

SYMINGTON, N. (1993). *Narcisism: a newt theory*. Londres, Karnac Books.

SULLIVAN, H. S. (1986). "The interpersonal theory of psychiatry". Pery, H. S. e Gowel, M. L., eds. New York, Norton, 1953, pp. 168-169. In: P. Andrew Morrison. *Essential papers on narcisism*. Nova York, New York University Press, pp. 118-119.

WILLIAMS, A. (1994). *Psicodrama estratégico: A técnica apaixonada*. São Paulo, Ágora.

WINNICOTT, D. W. (1982). *Ambiente e os processos de maturação*. Porto Alegre, Artes Médicas.

3

PSICODRAMA COM CENAS REGRESSIVAS

Dentre os vários recursos (Pitzele, 1992)[1] que o psicodrama nos oferece para trabalhar, o Psicodrama com Cenas Regressivas é, ao meu ver, o que mais profundamente adentra as questões relacionadas à auto-estima e ao narcisismo. Costuma-se chamar este psicodrama de psicanalítico, intrapsíquico, Psicodrama do Bustos[2]; alguns, dentre nós, acreditam que seja uma contribuição importante à obra moreniana, outros pensam que descaracteriza sua proposta; enfim, creio que ainda não nomeamos e nem exploramos adequadamente o que é este tipo de psicodrama e como ele opera.

Num trabalho com cena regressiva, o paciente normalmente chega à sessão com alguma queixa atual, relacional ou não, com a qual não consegue lidar bem. O psicodramatista, após proceder a algum tipo de aquecimento, sugere a montagem dessa situação atual.

---

1 Peter Pitzele, psicodramatista americano, resume de modo simples três tipos de trabalho psicodramático: 1- Psicodrama Interpessoal, que averigua as relações interpessoais passadas, presentes ou futuras do indivíduo; 2- Psicodrama Surrealista, que averigua sonhos, metáforas, fantasias – enfim, tudo o que escapa da lógica formal e que pertence ao domínio daquilo que Moreno chamou de "Realidade Suplementar"; 3- Psicodrama Intrapsíquico, em que se busca discriminar papéis, vozes interiores, partes e personagens que habitam o mundo interno de uma pessoa.
2 Bustos utiliza, aliás, várias técnicas, não apenas esta.

Depois disso, e de acordo com os indicadores (Bustos, 1985:42-43)[3] emergentes, percorre uma cadeia transferencial (Perazzo, 1987) de associações cênicas, até chegar a uma determinada cena que poderíamos chamar de nuclear ou matriz. (Figura 3.1)

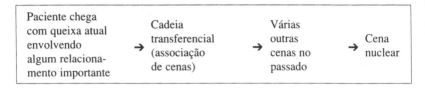

Figura 3.1. *Sessão utilizando cenas regressivas.*

Esta cena nuclear é um dos *locus* (Bustos, 1994)[4] das dificuldades do paciente, ou seja, é o relacionamento para o qual o paciente estruturou um tipo de resposta defensiva que se revelou útil para a ocasião, mas que, por sua cristalização, acabou criando as dificuldades atuais.

No Capítulo 1, "Como sobrevivem emocionalmente os seres humanos?", descrevi alguns denominadores comuns destas cenas nucleares, quando dramatizadas:

- normalmente elas acontecem muito *cedo* na vida – antes dos 8 anos de idade;
- o conteúdo do *drama relatado* é o de uma criança sendo negligenciada ou punida por algum adulto significativo ou, ainda, uma criança que vê algum adulto desrespeitar de forma abusiva outras pessoas de seu átomo social;
- a criança normalmente *se submete, com raiva, vergonha e impotência*, ao adulto porque é frágil e não tem como reagir. A dramatização, além de desvelar esta submissão ressentida, revela uma ação psíquica da criança que visa, de alguma forma, ao resgate de

---

3 Bustos trata de três indicadores: mental – pensamentos, imagens visuais, tudo o que se apresenta sob a forma de símbolo; o indicador emocional – produções intermediárias entre o corpo e a mente, que se apresentam sob a forma de angústia ou emoções variadas; e, finalmente, o indicador corporal, que corresponde a sensações variadas, tais como áreas de maior opressão ou constrição corporal, áreas de conforto e bem-estar etc.

4 Bustos (1994) utiliza os conceitos morenianos de *Locus, Status Nascendi* e *Matriz* como uma estrutura teórica que guia o trabalho do terapeuta. Primeiro pesquisa-se *O Quê* o paciente precisa trabalhar; depois qual o *Locus* do problema, ou seja, o lugar, a especial combinação de condições familiares e sociais que cercavam o paciente quando o problema surgiu. Em seguida, é o *Status Nascendi* o que se busca, ou seja, a dimensão temporal, o momento em que os fatos ocorreram. Por fim, visa a identificar a *Matriz*, ou seja, a resposta possível do paciente e a função desta naquelas circunstâncias. A terapia psicodramática visa à Rematrização, ou seja, ajudar o paciente a encontrar uma resposta nova às circunstâncias antigas.

sua dignidade e auto-estima. Muitas vezes, trata-se de uma espécie de pacto de confronto e força, um tipo de juramento para o futuro, que objetiva reassegurar-se de que, quando crescer, ninguém mais vai fazer aquilo com ela ou com as pessoas a quem ela amar. Outras vezes, a ação psíquica é do tipo esquizóide, e consiste na retirada do afeto (vergonha, raiva, humilhação), como se internamente a decisão fosse: "nada e ninguém nunca mais vai me atingir". O importante é que existe algum tipo de atividade psíquica que procura evitar a situação humilhante anterior.

Por trás do drama atual que o paciente nos traz no consultório existe uma dramática interna, o drama da criança que ele foi um dia, e que busca resgatar a auto-estima e a dignidade feridas. O processo terapêutico consiste em, uma vez reconhecida essa criança ferida, compreender sua dor e as promessas que fez para si mesma quando crescesse.

Uma paciente, por exemplo, apresentava-se como alguém extremamente agressivo, do tipo que intimida e briga com todos só percebendo o que fez mais tarde. Dentre os fatos importantes de sua vida infantil constava a presença marcante de uma irmã mais velha, que tinha acessos de fúria e agredia fisicamente todas as pessoas de sua casa. Esta mulher cresceu acalentada pela promessa de um dia ser tão ou mais forte que a irmã, para que ninguém nunca mais a atemorizasse tanto. Numa situação aparentemente oposta está um outro paciente meu, completamente apático, que decidiu nunca correr riscos e sempre ser "bonzinho" com todos. Ele, aliás, nem sentia nada, seu lema era: "se eu já estou morto, ninguém mais pode me matar" (sic). Quando criança, ele e a mãe apanhavam de um pai alcoólatra extremamente violento.

Regressar à cena infantil, evidentemente, não mudou nem a irmã nem o pai dessas pessoas, mas ajudou-as a compreender a própria dor e a negociar consigo mesmas as promessas que fizeram outrora, podendo lidar de forma diferente com a situação.

Na terapia, busca-se um encontro com esta criança interna para efetuar uma espécie de processo de negociação e redecisão, na medida em que o pensamento concreto da criança a faz imaginar soluções muito radicais, que nem sempre são válidas pela vida afora.

A parte adulta do paciente precisa compreender esta criança interna, negociar com ela e

Figura 3.2. *Criança interna.*

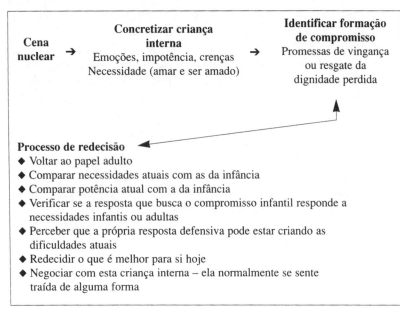

Figura 3.3. Esquema do trabalho com cena nuclear.

obter outras alternativas que não comprometam a felicidade na vida atual. A Figura 3.2 esquematiza este processo.

Um dos fatores terapêuticos do psicodrama com cenas regressivas é, a meu ver, a promoção de reparações nos danos antigos daquilo que chamo de Sistema Mantenedor da Auto-estima, ou Sistema Narcísico do paciente. Este, como já expliquei anteriormente, consiste numa espécie de central auto-avaliadora ou, em termos morenianos, central sócio e autométrica permanente que temos no psiquismo e que nos informa a todo o momento qual o nosso valor para o outro e para nós mesmos. Reelaborando e detalhando a Figura 3.1, teríamos:

Cena atual	➔	Cadeia transferencial	➔	Cena nuclear
Auto-estima		Várias cenas em que a		Auto-estima infantil
Negativa		auto-estima era negativa		negativa

Figura 3.4. Cena regressiva e narcisismo.

O paciente traz-nos, com sua queixa, uma situação em que não está se sentindo bem (auto-estima vulnerável). Seguindo o percurso transferencial por meio da associação livre de cenas, encontraremos várias outras cenas de sua vida em que ele igualmente se sentia frágil e desembocaremos, na maior parte das vezes, em alguma cena infantil (cena nuclear) em que suas dificuldades relacionais eram imensas.

Dramatizando esta cena nuclear e pesquisando o *locus*, o *status nascendi* e a *matriz* de suas dificuldades e dores atuais, encontraremos as "feridas narcísicas" (Kohut, 1984) da criança interna do paciente e compreenderemos as manobras defensivas que ele precisou fazer para equilibrar seu narcisismo e conseguir crescer.

Os problemas atuais de nossos pacientes são resultantes, na maioria das vezes, da cristalização dessas defesas infantis. A terapia visa a liberar a espontaneidade (Moreno, 1992:159)[5] do adulto e auxiliá-lo a substituir os "remédios" antigos por outros mais eficientes e adaptados ao seu narcisismo atual. Por exemplo, fatos que o aborreceram profundamente numa época em que funcionava de acordo com a lógica da exclusão podem já não importuná-lo tanto no presente e talvez ele não precise de uma armadura tão espessa para se defender.

Conclusão

Em nosso meio acredita-se, muito freqüentemente, que a estratégia terapêutica central do Psicodrama resume-se, em última análise, à proposta relacional de Moreno, ou seja, que o Psicodrama cura pelo "encontro terapêutico". Esse tipo de colocação pressupõe uma rematrização da capacidade relacional do sujeito a partir quase que, exclusivamente, do vínculo terapêutico e das diversas vinculações grupais que os pacientes estabelecem entre si.

Pessoalmente, tenho comprovado a eficiência do Psicodrama com cenas regressivas no tratamento de vários distúrbios, sobretudo quando questões narcísicas estão envolvidas. Acredito que uma postura terapêutica ideal deva abarcar, dialeticamente, o trabalho intrapsíquico (em que se insere a dinâmica do narcisismo que discuti neste trabalho) e o inter-relacional (a sociometria e sociodinâmica estão aqui incluídas).

Considero falacioso chamar o Psicodrama com cenas regressivas de psicanalítico, na medida em que em momento nenhum ele deixa de ser uma psicoterapia relacional, não é interpretativo, não trabalha produzindo neurose de transferência e nem opera por intermédio da análise da resistência. Trata-se de um psicodrama pós-moreniano e pós-psicanalítico, que arremata aspectos extremamente importantes de ambas as teorias, mas mantém – e por isso merece o nome de psicodrama – não só a técnica, mas os postulados filosóficos-existenciais e a concepção de Homem de Moreno.

---

5 Para Moreno espontaneidade significava: "Força propulsora do indivíduo em direção à resposta adequada à nova situação ou à resposta nova para a situação já conhecida".

REFERÊNCIAS BIBLIOGRÁFICAS

BUSTOS, M. D. (1994). "Wings and roots". In: Paul Holmes, Marcia Karp e Michael Watson. *Psicodrama since Moreno*. Londres, Routledge, pp. 63-77. No Brasil, publicado por Leituras 2, São Paulo, Companhia do Teatro Espontâneo.

KOHUT, H. (1984). *Self e narcisismo*. Rio de Janeiro, Zahar.

MORENO, J. L. (1992). *Quem sobreviverá? Fundamentos da Sociometria, Psicoterapia de Grupo e Sociodrama*. Goiânia, Dimensão.

PERAZZO, S. (1987). "Percurso transferencial e reparação". *Revista Temas*. São Paulo, ano XVII, nº 32-33.

PITZELE, P. (1991). "Adolescentes vistos pelo avesso: psicodrama intrapsíquico". In: Marcia Karp e Paul Homes. *Psicodrama – Inspiração e técnica*. São Paulo, Ágora, pp. 35-53.

4
EU TE ODEIO... POR FAVOR NÃO ME ABANDONES![1]:
O paciente *borderline* e o psicodrama

*artigo escrito em parceria
com Sonia Marmelsztejn*[2]

Talvez alguns terapeutas já tenham tido a experiência de atender um paciente que fica furioso na sessão, reclamando de sua habilidade como profissional, de algo que tenham dito ou, ainda, da forma como o fizeram. Em geral nós, terapeutas, ficamos muito desconfirmados nesses momentos, sem saber como atuar, em parte procurando descobrir o que fizemos de errado e, em parte, tendo absoluta certeza de que mais se trata de uma atuação do paciente, o que nos provoca muita raiva e, às vezes, medo dele.

Sabemos que não é fácil, enquanto terapeutas, admitirmos que podemos sentir raiva e medo de nossos pacientes. Porém, no caso específico do paciente *fronteiriço* ou *borderline*, são exatamente esses os sentimentos que ele costuma produzir nas pessoas que lhe são mais íntimas e caras. Portanto, é essencial que o terapeuta saiba disso, decodifique suas próprias emoções sem culpa ou vergonha, a fim de não atuar complementarmente e ser capaz de auxiliar o paciente a compreender a psicodinâmica envolvida no processo.

---

1 Por considerarmos extremamente adequado, o título deste artigo é tradução literal do livro: *I hate you – don't leave me*, de Kreisman, J. Jerold e Straus Hal, 1991.
2 Psicóloga, psicodramatista, psicoterapeuta de adolescentes e adultos.

Lineham (1993:3) estima serem *borderline* 11% dos pacientes psiquiátricos não internados e 19% dos internados nos Estados Unidos. Dentre aqueles que recebem o diagnóstico de "desordens de personalidade", calcula-se que 33% dos não internados e 63% dos internados sejam *borderline*. Esse tipo de paciente é, portanto, bastante freqüente a ponto de se acreditar que todos os terapeutas, de forma geral, tenham atendido pelo menos um caso. Além disso, são também aqueles que mais se suicidam. Estima-se que 70% a 75% dos pacientes *borderline* tenham pelo menos um episódio ou ato autodestrutivo, sendo fatais aproximadamente 9% dos casos (Lineham, 1993:3).

No Brasil, desconhecemos trabalhos sobre a prevalência desta patologia dentre as doenças mentais, mas, levando em conta nossa própria clínica e a experiência de colegas próximos, julgamos que algo semelhante deva se passar. O intrigante, além da alta periculosidade deste quadro, é que as terapias disponíveis falham sem exceção e os progressos terapêuticos são muito insignificantes e lentos. Os pacientes costumam chegar às clínicas com uma lista de terapeutas que já foram consultados, multimedicados (uma vez que os médicos tentam várias medicações psiquiátricas para conter os sintomas) e suas famílias parecem desoladas e sem esperança de obter auxílio real.

O conceito de personalidade *borderline*[3]

O termo "*borderline*", traduzido para o português como "fronteiriço" ou "limítrofe", foi usado pela primeira vez em 1938 por Adolf Stern, para descrever um grupo de pacientes que parecia não se beneficiar da psicanálise clássica e que não se encaixava nas categorias "neurótico" ou "psicótico". Na realidade, segundo sua classificação eles possuíam um tipo de neurose *borderline*.

Em 1980 o quadro foi incluído no Manual de Diagnóstico e Estatística – DSM-III da Associação Americana de Psiquiatria[4] que listou inicialmente oito critérios (na revisão seguinte, nove), cinco dos quais devem estar presentes para se fazer o diagnóstico de distúrbio *borderline*:

---

3 Millon (1987:354-372) sugeriu o termo personalidade cislóide para enfatizar a instabilidade comportamental e de humor que achou central nestes quadros. Para ele, o padrão *borderline* resulta de uma deterioração de outros padrões menos severos de personalidade. Acha que a personalidade *borderline* pode ser conseguida de diversas maneiras, pois as histórias clínicas dos pacientes são diferentes.

4 *Manual de diagnóstico e estatística de distúrbios mentais*, 3ª ed. Revista DSM-III – R, São Paulo, Manole, 1989, pp. 366-367.

1- Padrão de relacionamentos interpessoais instável e intenso, caracterizado pela alternância entre extremos de idealização e desvalorização. O paciente *borderline* pensa dicotomicamente e de forma radical. Seu mundo, tal qual o da criança, é cheio de heróis e vilões e, não raramente, qualquer deslize ou falha do herói condena-o irremediavelmente. Não compreende o meio-termo, as inconsistências e ambigüidades. O bom e o mau são excludentes: ou alguém é totalmente bom, ou é totalmente mau. Ele idealiza e se desaponta o tempo todo, parecendo procurar eternamente o bom cuidador, aquele que será perfeitamente correto.

2- Impulsividade em pelo menos duas áreas[5] potencialmente prejudiciais à própria pessoa. (Desperdício de dinheiro, sexo, uso de drogas, roubos em loja, direção imprudente, episódios de voracidade.)

O *borderline* carece da habilidade de protelar a gratificação: seu comportamento resulta de sentimentos momentâneos intensos e parece não aprender com a experiência. A noção de tempo está prejudicada: o "ontem" e o "amanhã" são desprovidos de sentido; só o "hoje" parece existir.

3- Instabilidade afetiva devido a uma acentuada reatividade do humor. (Episódios de intensa disforia, irritabilidade ou ansiedade, habitualmente durando algumas horas e, raramente, mais de alguns dias.)

O humor do paciente *borderline* pode variar muito num mesmo dia, ou até em algumas horas. Não costuma ser calmo e controlado, mas freqüentemente hiperativo, pessimista e deprimido. Suas reações são, em geral, muito intensas e desproporcionais ao fato que as gerou.

4- Raiva intensa e inadequada ou dificuldade em controlá-la. (Demonstrações freqüentes de irritação, raiva constante, lutas corporais recorrentes.)

Suas crises de ira são imprevisíveis e desproporcionais às frustrações que as geraram. Cenas domésticas do tipo: gritar, quebrar objetos, ameaçar com facas, bater/arranhar pessoas, são típicas destes pacientes. A raiva aparece após qualquer ofensa trivial, mas na realidade parece advir de algum arsenal subterrâneo, do medo de ser abandonado ou desapontado.

A raiva do *borderline* é dirigida aos mais próximos: parentes, terapeutas ou médicos. Visa a testar os vínculos e os compromissos, numa busca incessante de saber até onde as pessoas o agüentam. Assemelha-se a um grito de socorro incompetente, pois acaba afastando as pessoas de quem mais precisa. Muitos terapeutas, por esta razão, encerram o tratamento precocemente ou limitam o número de pacientes *borderline* que atendem.

---

5 Não inclui o comportamento suicida ou automutilante, descrito no item 5.

5- Ameaças, gestos ou comportamento suicida recorrente e automutilante. Este comportamento autodestrutivo tem duplo significado: primeiramente, testemunha a depressão e o desespero subjacentes a estes quadros: sentir dor física é, em casos extremos, a única forma de sentir-se vivo e/ou uma forma muito eficiente de distrair-se de um sofrimento maior; secundariamente, o comportamento parassuicida[6] mostra a necessidade de esses pacientes manipularem as pessoas que cuidam deles para conseguir mais atenção ou carinho. Em geral não querem morrer, mas sim comunicar o sofrimento de forma convincente. Paradoxalmente, pelo fato de serem insistentes e repetitivos, acabam conseguindo afastar as pessoas, o que os torna mais carentes e desesperados e com maior desejo de se autolesar.

Muitos pacientes reportam sentir-se calmos e aliviados após tais "acidentes", e alguns cientistas tentam explicar o fenômeno atribuindo-o à liberação de endorfinas, que são uma espécie de autotratamento do organismo diante da dor. Efetivamente, tanto a conduta autodestrutiva, quanto o bem-estar ao qual ela leva não são fenômenos fáceis de compreender.

Com relação à psicoterapia, este sintoma é o que traz aos terapeutas os maiores problemas: se dispensam muita atenção a essas condutas, correm o risco de reforçá-las; por outro lado, se as ignoram, o paciente pode insistir e ir num crescendo de tentativas para causar um forte impacto, o que pode resultar num suicídio fatal.

A automutilação, excetuando-se quando está associada à psicose, é uma espécie de marca registrada dos distúrbios *borderline*. Há várias formas de uma pessoa auto-infligir-se dano pessoal: pode se cortar, fumar ou comer em demasia, descuidar-se do corpo de forma ostensiva, guiar displicentemente etc.

6- Perturbação da identidade; instabilidade acentuada e resistente da auto-imagem ou do sentimento de *self*. A pessoa *borderline* carece de uma clara percepção de limites entre si e o outro. Precisa, em geral, impressionar as pessoas para mantê-las perto de si, e seu senso de identidade e auto-estima está associado a conseguir ou não essa atenção. Portanto, precisa estar o tempo todo provando isto e, no fundo, guarda um sentimento de inautenticidade, de falsidade. Mesmo quando consegue um sucesso, o *borderline* fica chateado, sentindo que não o mereceu, ou que a qualquer momento vão descobrir que ele é uma fraude e será humilhado.

---

6 O termo comportamento parassuicida foi introduzido por Kreisman em 1977 para significar comportamento autodestrutivo intencional, não fatal (automutilação, ingestão de drogas, queimaduras, pensamentos suicidas). Inclui gestos e manipulações suicidas. Parassuicida, entretanto, é um termo melhor e menos pejorativo do que manipulador. A dificuldade de tratar esses indivíduos faz com que freqüentemente se culpem os pacientes, o que evidentemente não os auxilia.

Por isso, essas pessoas passam por vários empregos, não se estabilizando em nenhum: têm sempre a esperança de que o próximo será diferente e que lá se sentirá melhor. Literalmente "não se encontram". Muitas vezes, questões de identidade sexual também são incluídas nesta confusão, pois da mesma forma que o *borderline* não sabe quem é, também não consegue decidir o que deseja.

7- Sentimento crônico de vazio ou enfado. A ausência de um forte senso de identidade deve culminar num sentimento de vazio existencial. Isso é tão doloroso que o *borderline* recorre a comportamentos impulsivos e autodestrutivos para se livrar dessa sensação.

8- Esforços frenéticos[7] para evitar o abandono real ou imaginado. Assim como uma criança não consegue distinguir entre a ausência eventual da mãe e sua morte ou desaparecimento, o *borderline* experimenta uma solidão eventual com a sensação de um isolamento completo e eterno. Não suporta a solidão, ficando seriamente deprimido com o abandono real ou imaginado, pois perde a sensação de existir. Seu lema existencial parece ser: "se os outros interatuam comigo, então eu existo!".

9- Ideação paranóide transitória relacionada a situações estressantes ou severos sintomas dissociativos[8]. Em situações de muita tensão, o *borderline* pode apresentar dissociações passageiras, pensamento confuso e delirante, com interpretação paranóide dos fatos. Em geral coloca-se como vítima de uma situação injusta.

Diagnóstico diferencial

O diagnóstico diferencial entre os vários distúrbios de personalidade não é tarefa fácil, sendo comuns quadros mistos, com sintomatologia semelhante. Na realidade, o distúrbio *borderline* é compatível com várias outras patologias, ficando difícil saber o que veio antes. Por exemplo, se o distúrbio de personalidade veio antes de uma depressão ou de um alcoolismo, ou se foi secundário a essas ocorrências.

Muitas vezes, o paciente *borderline* apresenta uma ideação paranóide e cindida, só se diferenciando dos esquizofrênicos paranóides porque as crises são mais rápidas e não deixam seqüelas agudas, como na esquizofrenia. Além disso, o esquizofrênico acaba se acostumando com seus delírios e perseguições, ficando menos perturbado com eles do que o *borderline*.

---

7 Não inclui comportamento suicida ou automutilante, descrito no item 5.
8 Este item foi incluído recentemente e aparece apenas no *Manual de diagnóstico e estatística de distúrbios mentais*, 4ª ed., Porto Alegre, Artes Médicas, 1995, p. 617.

Em relação às doenças afetivas, principalmente às bipolares, existem semelhanças relativas às mudanças súbitas de humor, mas no *borderline* essas mudanças são mais rápidas e, mesmo nos intervalos entre a crises, ele tem dificuldade de adaptação à realidade. Também é possível confundir um *borderline* com um hipocondríaco crônico, na medida em que mantém queixas físicas intensas para conseguir vínculos de dependência com os familiares e/ou médicos.

Muitos autores acreditam ainda que exista uma grande prevalência de distúrbio *borderline* entre pacientes com diagnóstico de personalidades múltiplas, ou estresse pós-traumático. Herman (1992:123-129) estuda sobreviventes de vários tipos de trauma (tais como abusos infantis variados, estupro, guerras etc.) propondo o nome genérico de "Síndrome Complexa do Estresse Pós-Traumático" para incluir todos esses quadros. Argumenta apropriadamente que o diagnóstico de "personalidade *borderline*" tem causado mais prejuízo do que benefício para o estudo dos distúrbios de personalidade, pois tal como o termo "histérico", cuja conotação negativa e pejorativa acabou se tornando um jargão na psiquiatria, a palavra "*borderline*" passou a significar, nos últimos anos, manipulador e criador de casos. Isso impossibilita que os pacientes sejam encarados como sobreviventes heróicos de severos traumas infantis, com todo o respeito que esse fato requer. Esta autora mostra também que o psiquismo tem e usa alguns recursos defensivos contra situações-limite que atentam contra a dignidade humana. Dissociação, intrusão, irritabilidade, autohipnose, impulsividade, mudanças de humor intensas, automutilação etc. são algumas das ferramentas de defesa que mais tarde constituem os diversos quadros de transtornos de personalidade.

Outra disfunção que freqüentemente é associada à personalidade *borderline* são os distúrbios narcísicos de personalidade, sobretudo marcados pela presença de uma hipersensibilidade às críticas, e pelo fato de que qualquer falha pode levar a depressão grave. A grande diferença aqui é que, a longo prazo, o narcisista acaba sendo, em geral, bem-sucedido profissionalmente, pois trabalha muito para construir e manter sua imagem pública poderosa, sendo profundamente autocentrado e não se apegando aos demais. Já o *borderline* não tem constância e disciplina, destrói vínculos afetivos e profissionais e, além disso, é viscoso, insistente e muito vulnerável à opinião alheia.

Quanto à semelhança diagnóstica com os pacientes categorizados como parassuicidas nos manuais de diagnóstico AXIS e DSM, existem, realmente, sintomas comuns a ambos os quadros, tais como: acentuado descontrole emocional, irritabilidade e hostilidade, problemas interpessoais graves, padrões de descontrole comportamental, abuso de drogas, promiscuidade sexual, tentativas parassuicidas prévias. As dificuldades cognitivas também são semelhantes: marcada rigidez cognitiva, pensamento dicotômico, pequena capacidade de abstração e de resolução de problemas. Tais dificuldades cognitivas são relacionadas ao déficit de memória episódica. Os indivíduos afirmam que seu comportamento é para escapar de uma vida intolerável.

Parece certo que o comportamento que mais diferencia o *borderline* dos outros quadros de distúrbios de personalidade é a presença de atos autodestrutivos e tentativas de suicídio. Dentre aqueles que apresentam os oito critérios do DSM-III-R, 36% se matam, comparados a 7% dos que apresentam de cinco a sete dos critérios.

Etiologia

Três tipos de causas são aventados quando se busca explicar a etiologia deste distúrbio: desenvolvimento emocional inadequado, fatores constitucionais e fatores socioculturais.

Desenvolvimento emocional inadequado

A história clínica dos pacientes *borderline* freqüentemente mostra que eles vêm de famílias muito conflituadas, com alta porcentagem de brigas e separações. Em geral foram crianças que sofreram abusos variados na infância, tais como:

- **abuso físico** – foram vítimas de violência física ou presenciaram espancamentos de pessoas da família.
- **abuso sexual** – viveram relações incestuosas, formas variadas de insinuações sexuais por parte de adultos próximos. Kroll, (1993:55-56) diz: "Nosso ponto de vista unificado é que experiências de abuso sexual infantil têm sido a causa mais freqüente de problemas que levam à personalidade *borderline*".
- **abuso emocional** – sofreram negligência e descuido por parte dos pais, sendo freqüente uma inversão de dependências, em que a criança passa a cuidar dos pais e não o contrário.

Os comportamentos autodestrutivos dos pacientes *borderline* seriam formas inconscientes de perpetuar estes pais abusivos.

Em termos de fases de desenvolvimento ou em que momento da vida do paciente esta patologia se instala, a idade de 18 a 30 meses, logo após a aquisição da locomoção, é muito mencionada na literatura especializada (Mahler, 1977:82-95; Erikson, 1968:107-115). Os pais nesse período oscilam entre controlar a criança para que ela não se machuque (já que ela recentemente começou a andar) ou tornam-se um pouco ausentes, precocemente liberados de cuidar de uma criança que já prefere explorar o mundo a ficar passivamente sentada no colo.

Muitos pais, na realidade, não suportam a autonomia das crianças, ficam ressentidos e ameaçam-nas de abandono. Mahler descreve esse período como o de separação-individuação e acredita que ele seja crucial para o desenvolvimento de um *self* separado e seguro. Observa filhos de mães excessivamente abandonadoras ou demasiadamente possessivas que desenvolvem um intenso medo de abandono ou, então, uma onipotência precoce do tipo "não preciso de ninguém", por medo de serem sufocados.

Já Erikson descreve esta mesma fase em termos da polarização entre a busca de autonomia (tentativa de impor seus desejos) e vergonha e dúvida (diante dos fracassos). A criança é ainda muito dependente do ambiente e seu desejo de auto-afirmação, intenso e violento, é maior que sua habilidade para conseguir se impor. O distúrbio *borderline* seria a conseqüência de uma educação demasiadamente autoritária, cujos pais rígidos sempre imporiam seus desejos à criança. Com o tempo, as tentativas de auto-afirmação sucumbem aos desejos dos pais e a criança acaba por habituar-se a se submeter sempre, desenvolvendo um sentimento de dúvida sobre a própria capacidade e vergonha sobre os seus fracassos. Aos poucos vai parando de tentar expressar suas vontades.

Fatores constitucionais

Os achados da literatura são apenas sugestivos da presença de fatores constitucionais ou hereditários na etiologia deste quadro. Por exemplo, sabe-se que irmãos criados na mesma família reagem aos conflitos de formas diferentes e somente alguns poucos tornam-se *borderline*, mostrando que é preciso alguma especificidade para estruturar um tipo de doença e não outra. Entretanto, o indivíduo que vai desenvolver posteriormente um quadro de distúrbio *borderline* é, desde a infância, uma criança hipersensível que solicita exageradamente seu ambiente; é mais vulnerável, suas necessidades já se apresentam muito intensas, seu limiar à frustração é menor, suas reações são mais exageradas.

Também é conhecido o fato de que remédios antidepressivos e mesmo anticonvulsivantes têm efeito de alívio sintomático em alguns pacientes *borderline*, apesar de não produzirem mudanças na personalidade básica.

Alguns outros estudos (Stewart e Montgomery, 1987:260-266) propõem uma relação entre atos impulsivos e anormalidades no metabolismo das serotoninas. Paul Andrulois e colaboradores (1980:47-66) apontam a prevalência de desordens neurológicas, tais como hiperatividade, desordens de atenção, epilepsia etc. em adolescentes *borderline*.

Finalmente, é bastante relevante a presença de pais *borderline* (um ou ambos) nas histórias clínicas, sendo, entretanto, impossível até o momento determinar se isso significa uma herança biológica ou psicológica.

Fatores socioculturais

Alguns autores apontam, com razão, que existem condicionantes socioculturais para a alta incidência de distúrbios narcísicos e *borderline* nos tempos atuais. A falta de uma estrutura familiar nuclear composta de pai e mãe, que fiquem parte do tempo cuidando de suas crianças, é um dos pontos mais destacados neste tipo de análise.

A mudança no papel feminino nos últimos trinta anos culminou em uma mudança radical na rotina doméstica: o célebre *"papai trabalha e mamãe cuida das crianças"* não existe mais, pois agora *"mamãe também trabalha fora"*. As crianças vão à escola cedo ou ficam sob cuidados de outrem, os velhos são tratados com desdém, o que contribui para que se perca o senso de pertinência e história, a proximidade familiar e a referência de papéis sociais consistentes.

Outros fatores como os avanços tecnológicos, sobretudo na área da informática, contribuem para que as pessoas sejam cada vez mais autosuficientes e tenham práticas profissionais e de estudo solitárias.

Vivemos numa *borderland*, onde se estimula a assertividade (que em doses exageradas beira a agressividade), o individualismo (que favorece a solidão e a alienação) e a autopreservação ("cada um por si, Deus por todos").

Nossa sociedade carece de constância e confiabilidade e é altamente alienante, favorecendo o aparecimento de uma gama de comportamentos patológicos, tais como: drogadição, problemas de alimentação, comportamentos criminais etc.

Seitas religiosas que buscam organizar a realidade de forma simples e polarizada – "o que é certo e o que é errado" – ganham popularidade, talvez como reação a uma certa nostalgia dos velhos tempos, quando uma família organizada ditava as regras de como viver.

Kreisman (1991) faz uma comparação interessante:

"Nós rapidamente nos movemos da explosiva 'Década do Nós' dos anos 60, para a narcísica 'Década do Eu' dos anos 70 e, daí, para a materialista e rápida Década do Poder dos anos 80. Acompanhando estas mudanças externas aconteceram mudanças internas nos valores: da ideologia voltada para os outros 'paz, amor e fraternidade' dos anos 60, para a de 'autoconsciência' dos anos 70 e daí para a 'materialista de autoprocura' dos anos 80..."

Sabemos que muitas doenças físicas, como o estresse e todas as desordens que ele produz, tais como ataques cardíacos, hipertensão etc., têm muita relação com o estilo de vida. Por que não pensar o mesmo a respeito das doenças mentais? Talvez elas sejam o preço psicológico que pagamos por nossa modernidade.

Psicodinâmica – como funciona o *borderline*

Imaginem uma pessoa que por algum erro constitucional nascesse sem pele: qualquer toque, por mais leve que fosse, provocaria dor e reação intensas. Assim é o *borderline*, o que lhe falta é a "pele emocional".

Buscando, de modo simplista, a fórmula de produção desta patologia, poderíamos pensar que uma criança demasiadamente sensível, em contato com um ambiente invalidador, multiabusivo e destruidor de sua autoconfiança básica, tem uma tendência a desenvolver comportamentos defensivos que vão se constituir nas próprias características deste distúrbio.

Um ambiente pouco validador é aquele que não ensina à criança como lidar adequadamente com suas emoções. Esse aprendizado inclui não somente reconhecer e nomear as diferentes emoções, como aprender a externá-las, contê-las, tolerar frustrações e, sobretudo, acreditar nas próprias respostas emocionais como uma forma válida de interpretar os fatos (autoconfiança básica). O peculiar desse aprendizado é que ele é, em grande medida, não-verbal: as crianças aprendem não só com aquilo que os adultos dizem, mas, sobretudo, com a observação sutil de como eles realmente agem e são.

As famílias disfuncionais desses pacientes tendem a lidar de forma inconsistente com as manifestações emocionais: às vezes ignoram, às vezes minimizam e desconfirmam e, em determinadas situações extremas, apóiam e acolhem. É dessa atuação inconsistente que algumas crianças aprendem a concentrar sua energia na realização de algo "grandioso", que as faça sentir-se vistas e valorizadas, desviando das tarefas rotineiras a atenção necessária para lidar adequadamente com a realidade. Pouco a pouco, tornam-se menos competentes, mais dependentes e menos responsáveis do que as outras crianças.

Por essa razão, como adulto, o *borderline* busca, a qualquer custo, manter perto de si um cuidador. Sua atitude é passiva em relação àquilo que deve realizar, mas é ativa ao extremo, na busca de alguém que o faça por ele. Isto é conseguido de muitos modos, por exemplo, ficando cronicamente doente, psicológica (depressão, anorexia nervosa, alcoolismo) ou fisicamente (gripes que não saram, queixas hipocondríacas generalizadas); apresentando-se como uma pessoa muito ingênua e sem maldade, para depois configurar o vínculo manipulador; criando muita confusão nos vínculos, sendo a eterna vítima injustiçada que luta pelos seus direitos etc.

As pessoas que convivem com o *borderline*, terapeutas e membros da família, têm a sensação de andar "pisando em ovos" e costumam dizer que ele nunca fica satisfeito e as situações que cria parecem não ter saída. Precisa ter do que reclamar, talvez para manter alguém perto, tentando satisfazê-lo.

Além disso, como vem de ambientes que negligenciam as necessidades de dependência básicas da criança em crescimento (Cukier, 1995:65-69), o *borderline* permanece fixado na busca do bom cuidador, o cuidador "perfeito". Idealiza e se decepciona com facilidade, ficando furioso quando percebe as imperfeições alheias. É como uma criança que imagina que a mãe sabe e pode tudo e não admite a hipótese contrária.

Quando cresce, o *borderline* acaba reproduzindo as características invalidadoras de seu meio: invalida suas próprias experiências emocionais e busca nos outros interpretações sobre a realidade. É incapaz de resolver problemas rotineiros e tem dificuldades generalizadas de "como viver". Formula para si mesmo objetivos pouco realistas, não valoriza pequenos êxitos e se odeia diante dos insucessos. A reação de "vergonha", característica desses indivíduos, é o produto natural de um ambiente que envergonha aqueles que demonstram vulnerabilidade emocional. Além disso, seu sofrimento e suas reações emocionais são extremos: o que seria apenas embaraçoso torna-se profundamente humilhante; desagrado pode tornar-se ódio; uma culpa leve torna-se vergonha; apreensão transforma-se em pânico ou terror.

"Prisioneiro" das próprias emoções, basta um pequeno estímulo para provocar reações fortes, tais como crises de fúria e agressividade, o que confunde e assusta as pessoas à sua volta e a ele mesmo. Cria grandes tragédias, das quais reclama com fúria crescente, culpando os outros pela situação em que se encontra; quanto maior a expressão da raiva, mais o *borderline* se convence e tenta convencer os outros de que eles são responsáveis por seus sentimentos. Aliadas a isso, suas respostas emocionais são de longa duração e demora muito para voltar a um nível emocional mais adequado, o que contribui para uma alta sensibilidade ao próximo estímulo emocional.

Tendo seu desenvolvimento emocional detido nas primeiras fases, o *borderline* é uma criança num corpo adulto e, tal como todas as crianças, é impulsivo, não sabe esperar, não agüenta se frustrar, tem dificuldade de simbolizar conceitos abstratos (como tempo, por exemplo), tenta conseguir tudo o que quer o tempo todo, a qualquer custo. Pela dificuldade de tomar decisões e assumir responsabilidades, profissionalmente costuma obter mais sucesso em cargos subalternos, preferindo funções bem-estruturadas que não exijam essas habilidades.

Em poucas palavras: o *borderline* tem uma imensa dificuldade em lidar de forma adequada com suas emoções e a terapia precisa encontrar caminhos: primeiro, para não se deixar destruir por macrodemonstrações emocionais; segundo, para não destruir a precária estrutura emocional que esses pacientes apresentam (lembremo-nos que eles não têm "pele emocional") e, por último, é preciso conseguir formas criativas de se fazer pequenos "enxertos" e dar-lhes algum invólucro, para que essas pessoas possam crescer e se desenvolver dignamente.

Psicoterapia do paciente *borderline*

Há duas dificuldades fundamentais no tratamento terapêutico de pacientes *borderline*:

A primeira é o que poderíamos chamar de colisão de objetivos, ou seja, aqueles objetivos usualmente aceitos como válidos na terapia (compreender os próprios problemas, "curar-se", empreender mudanças construtivas para a vida etc.) não são as metas prioritárias do paciente. Inicialmente, o paciente não quer se curar; ele até se orgulha, de certa forma, da sintomatologia que apresenta, na medida em que esta testemunha as atrocidades pelas quais passou na vida. O que ele busca no vínculo terapêutico é exatamente essa função-testemunha: alguém que veja e discorde das injustiças que lhe foram cometidas. E deseja também (e aí o trabalho terapêutico se complica enormemente) que o terapeuta o compense por tudo o que passou, ou seja, quer ser gratificado em suas necessidades imediatas, cuidado e confortado. E ainda mais: quer um relacionamento intenso e especial para sentir-se importante. Aparentemente, o discurso implícito desses pacientes é sempre: "Não posso melhorar a menos que você, terapeuta, demonstre que se importa pessoalmente comigo".

M., 16 anos, pensava em estudar Psicologia, além de não estar satisfeita com a própria aparência e isso era tudo o que a trazia para a terapia. Seus pais, na entrevista inicial, queixaram-se de suas tentativas de manipular a todos na família para conseguir o que desejava.

Revelou-se, desde o início, uma pessoa extremamente insegura, ansiosa por agradar e muito angustiada. De pronto estabeleceu um vínculo idealizado com a terapeuta, não perdendo oportunidades de elogiá-la, encaminhando-lhe suas melhores amigas para tratamento.

Para investigar a função desses encaminhamentos e da idealização exagerada, foi proposto um psicodrama interno (uma vez que a pacien-

te recusava-se a dramatizar). Depois do aquecimento inicial, a terapeuta (T.) sugeriu focar na relação terapêutica usando inversões de papel, para que ela pudesse experimentar os dois pólos do vínculo. No seu próprio papel, M. declarou-se encantada com T. e desejosa de obter seu afeto de "forma especial", pois esta terapeuta, ao contrário de uma anterior, parecia-lhe uma pessoa competente e capaz de compreendê-la. No papel de T., a paciente mostrou-se inatingível, uma pessoa a quem nada falta e que apreciava muito a paciente e seus "presentes" (encaminhamentos), porém, não a ponto de dedicar-lhe o tal "lugar especial".

Ainda no psicodrama interno, usando de consígnias para que a paciente se distanciasse dessa relação e a observasse, T. perguntou em que outra relação de sua vida se sentira da mesma forma, gostando tanto de alguém que lhe parecia inatingível e que, por mais que ela tentasse agradar, não lhe proporcionava o que mais queria.

A paciente lembrou-se, então, de uma cena de sua infância, ao redor de quatro a cinco anos em que, encontrando-se para passear com o pai verdadeiro, fazia de tudo para parecer desagradável e negar-lhe a importância: queria deixar claro que amava mais o padrasto, casado recentemente com a mãe e que assumira integralmente a função paterna. M. sentia-se muito grata ao padrasto e não podia tolerar a idéia de desagradá-lo. Elogiá-lo diante do pai verdadeiro constituía uma forma de render-lhe homenagem e, simultaneamente, vingar-se do abandono paterno.

Rever esta cena levou a paciente a perceber várias tentativas suas, ao longo da vida, de se sentir "especial"; tentativas estas que falharam, sistematicamente, sem exceção: não fora especial para o pai, que raramente a visitava; não era especial para a mãe, que tinha muitas outras prioridades; tampouco permaneceu especial para o padrasto, após o nascimento dos novos filhos do casal. Sua atuação na terapia era apenas mais uma tentativa de buscar esse lugar "especial", inatingível.

A segunda grande dificuldade de terapeutizar tais pacientes é o estilo de relacionamento que eles tentam estabelecer com o terapeuta: ao mesmo tempo em que buscam a gratificação de suas necessidades, não acreditam que isso possa ocorrer. Sabendo que muitas dessas pessoas sofreram formas distintas de abuso infantil por parte de seus cuidadores, é fácil imaginar como qualquer vínculo que sugira cuidado pessoal logo ficará impregnado das desconfianças de outrora. Entretanto, um firme estabelecimento do vínculo terapêutico e a sensação de ser compreendido e aceito é o primeiro passo para que o paciente *borderline* possa lançar-se na dolorosa tentativa de olhar para suas dificuldades e tentar reformular sua vida. Essa sensação de ser aceito e compreendido é desconhecida para o *borderline* que precisará checá-la repetidamente. Seus movimentos serão de avanços e recuos, e o terapeuta precisa também avançar e recuar, a fim de manter o equilíbrio: um avanço exagerado ou um recuo muito grande por parte do terapeuta poderá pôr a perder o trabalho já efetuado. O paciente estará, a todo momento, testando o quanto ele é importante para o terapeuta e, ao menor sinal passível de ser interpretado como rejeição, pode agredir, sabotar ou interromper a terapia.

I., 34 anos, com um histórico de várias terapias anteriores malsucedidas, entra em terapia profundamente deprimida, chorosa e desesperançada. Desde o início, mostra-se muito crítica em relação a tudo o que T. diz, da forma como o faz ou do momento em que o faz; enfim, sempre enfatizando discordâncias e fazendo T. sentir-se acuada, tendo de tomar muito cuidado para não feri-la.

Nenhuma tentativa de esclarecer esses desentendimentos era bemsucedida, pois a paciente iniciava um confronto, opondo a sua versão dos fatos à versão de T. Parecia sempre que seria necessário um juiz para decidir quem tinha razão.

Um dia T., abstraindo do conteúdo verbal das queixas da paciente, começou a prestar atenção no quanto ela sofria com aqueles episódios em que sempre chorava muito e parecia sentir-se injustiçada e angustiada. Resolveu pedir-lhe desculpas:

– I., de algum jeito, algo que eu falo ou faço não intencionalmente, toca numa velha ferida sua. Quero lhe pedir desculpas por isso, pois de modo algum quero lhe instigar dores ou prejudicá-la. Acredito que, se tivermos paciência, juntas descobriremos onde está este ponto tão sensível. Por ora, quero que você aceite minhas desculpas, ainda que eu não saiba o que fiz para magoá-la.

A paciente ficou completamente desconcertada com esta atitude de T. e respondeu, chorando, que a culpa não era de T. e que ela, a paciente, vivia criando brigas em todas as suas relações e que aquele clima de confronto era o habitual em sua vida. T. pediu-lhe então que criasse um personagem para carregar esta sensação de injustiça que sempre a acometia, e ela produziu um Cruzado Medieval, que defendia a causa da Santa Igreja Católica.

I. permaneceu em terapia por quatro anos em sessões individuais e grupais; nunca mais abandonou o Cruzado como referência para estes estados de confronto e pôde, por intermédio dele, investigar várias situações de violência doméstica que havia sofrido na infância. Várias vezes mencionou, ao longo desses quatro anos, "aquele dia em que T. lhe pedira desculpas", assegurando repetidamente que aquele fora o momento mais importante da terapia, sem o qual não teria podido continuar.

Além destas duas dificuldades fundamentais, existem muitas outras ao longo do processo terapêutico: às vezes, no meio de algum discurso simples e pouco importante, o paciente escala rapidamente para temas superpolêmicos e confrontativos. Outras, pelo contrário, tenta agradar o terapeuta assumindo seus pontos de vista e formas de pensar e o terapeuta deve ser cuidadoso para evitar que isso aconteça. Muitos pacientes *borderline* são francamente sedutores com os terapeutas, mostrando, provavelmente, a forma como obtinham consideração e, talvez, algum carinho em épocas remotas. O terapeuta é apanhado de surpresa, várias vezes, como numa guerrilha: formas de relacionamento muito sedutoras alternam-se com outras muito agressivas.

Lineham (1992) e Kroll (1994) chamam atenção para a necessidade de validação, suporte e empatia do paciente *borderline*, exatamente por ele ter vivido experiências infantis que invalidaram seu direito de existir, de ter limites pessoais, de desenvolver uma individualidade e de confiar na sua própria habilidade para perceber e julgar a realidade.

Validar e afirmar, dar permissão, gratificar, são ações terapêuticas que muitas vezes se sobrepõem, criando confusões cruciais para o bom andamento da terapia. Validação e afirmação são ações que visam a ajudar o paciente a desenvolver uma noção intrínseca de valor pessoal, numa relação terapêutica de aceitação que busca iluminar as qualidades positivas do paciente, por menores que forem. Isso nem sempre é fácil, pois os pacientes trazem uma gama imensa de comportamentos inadequados e é preciso ser cuidadoso para não reforçar artificialmente, o que em nada contribuiria para a terapia. O fato de o paciente ter sobrevivido em circunstâncias tão adversas e estar buscando terapia já representa em si mesmo um fato elogioso, pois é preciso coragem para enfrentar esta jornada. Afirmação real e continência também advêm do respeito que o terapeuta tem pelo paciente, estabelecendo limites que ele, o próprio terapeuta, respeita, tais como: tempo, espaço, telefonemas etc.

P., 30 anos, chega em casa desejando a atenção da esposa que, por sua vez, está cansada e ocupada com o filho do casal, de 2 anos. Esta atitude da esposa é imediatamente interpretada como rejeição e P. começa a agredi-la, primeiro verbal e depois fisicamente. Seu descontentamento e frustração escalonam rapidamente e ele não consegue se conter.

Na sessão, partindo da situação descrita e seguindo outras associações cênicas, chega-se a uma cena em que ele tem 3 anos e quer o colo da mãe que está ocupada, cozinhando. Esta o afasta bruscamente e ele começa a chutá-la com raiva. T. pergunta ao paciente o que ele mesmo, como adulto, faria com a criança em tal situação, e ele lhe responde que a seguraria antes de ele chutar a mãe. T. pede-lhe que faça isso (com uma almofada no lugar da criança) e ele abraça a almofada e chora.

Nos comentários, T. valida tanto a dor da criança frustrada na cena quanto a do homem carente chegando em casa; a forma de lidar com a frustração e a maneira de expressar as necessidades são discutidas. Um dos temas é como conter um homem magoado e raivoso e o paciente sugere várias possibilidades: tomar banho, sair para dar uma volta, escrever uma carta etc.

Outra forma de afirmação é confirmar a percepção que o paciente tem dos próprios pais e daquilo que eles lhe fizeram. O terapeuta seria uma testemunha deste abuso, devendo ajudar o paciente a chorar seus lutos e sua dor e a reenfocar e instrumentar melhor sua raiva. Na maior parte dos casos, o paciente volta a raiva contra si mesmo, o que constitui uma das razões para a bizarra conduta autodestrutiva que vemos nestes casos. Aqui é preciso cuidado para não criticar excessivamente os pais da infância, pois isso significa criticar partes do próprio paciente.

M., 17 anos, há dois anos em terapia, ensaia há um mês um assunto que deseja contar para T., mas que lhe é muito difícil abordar. Finalmente, consegue contar um "segredo" que a envergonha e que ocorreu quando ela tinha 5 anos de idade: estavam na casa da praia com um grupo de crianças e parentes e ela permitiu ser manipulada sexualmente por um primo já adolescente.

Sua mãe descobriu acidentalmente o que ocorrera e ficou furiosa, criticando-a duramente em público e contando o fato a todos os adultos próximos de uma forma muito pouco respeitosa. Dessa experiência, M. conclui que fizera algo muito feio, que ela mesma era má e errou, e que deveria envergonhar-se para sempre.

T. sugere uma inversão de papel com a menininha de 5 anos, assustada e culpada, perguntando-lhe o que poderia tê-la ajudado a superar melhor aquela experiência. M. responde que se a mãe a apoiasse e explicasse o que ela fizera de errado, além de manter o assunto entre elas, tudo teria sido mais fácil. Da forma como o fez, ensinou-lhe desrespeito, vergonha e culpa.

T. concorda com sua colocação, testemunha sua dor e favorece para que ela expresse a raiva pela mãe. O passo seguinte é rever a vergonha e as conseqüências daquela experiência sexual. Em criança, tudo parece muito grave e definitivo; como adulto, a percepção se relativiza. M. contém sua própria menina e ressignifica os efeitos desta vivência: nada está tão estragado para sempre!!!

Freqüentemente, o paciente *borderline* tenta fazer com que o outro o complemente patologicamente e transgrida os limites da terapia. Sempre é bom lembrar que o desejo maior de um paciente é ser ajudado a superar suas dificuldades vivenciais, e é por aí que o terapeuta deve embasar sua conduta.

M. solicitava trocas de horários freqüentes, supervalorizando impossibilidades rotineiras, precisando horários incompatíveis com os de T. Além disso, terminar a sessão no horário era complicado, uma vez que M. sempre trazia um assunto muito importante no final. No início, T. tentava compatibilizar horários, buscando viabilizar a terapia.

Numa determinada sessão, após cerca de um ano e meio de trabalho, M., terminada a sessão, recusou-se a sair da sala sem justificativa aparente, incitando T. a tirá-la à força. Após alguma discussão, T. percebeu que M. estava conseguindo invadir o horário da sessão seguinte e decidiu deixá-la ficar na sala enquanto ela "precisasse" e ir atender a paciente seguinte em outra sala vaga de seu consultório. M. permaneceu sozinha na sala por algum tempo e depois foi embora. Na sessão seguinte chegou pedindo desculpas, dizendo que não sabia o que lhe provocara aquela atitude. Investigando o que tinha ocorrido por meio da inversão de papéis, M. percebe que havia já algum tempo observava a paciente que vinha em seguida e da qual ela se sentia muito enciumada porque era mais bonita e "certamente T. a achava mais interessante".

As associações levam para a sua relação com os meio-irmãos e com os pais, que "não a escolhem", a menos que ela faça algo incomum, positiva ou negativamente. M. percebe como lhe é difícil sentir-se validada, se apenas se comportar normalmente, aceitando os limites que lhe são colocados.

Permissão[9] é um conceito mais complexo, pois implica validar o direito que o paciente tem de sentir e expressar suas próprias emoções (raiva, amor, egoísmo), e de ser respeitado como ser humano. Por exemplo, é comum o paciente não conseguir se desligar das pessoas que outrora lhe foram abusivas. P. precisa então obter, na terapia, essa permissão.

Pontos vulneráveis do terapeuta de pacientes *borderline*

A terapia do *borderline* é bastante delicada e inclui fortemente a própria relação terapêutica. Como o *borderline* é a eterna criança mal-

---

9 Alves Falivene (1994) mostra que em toda a coletividade (família, por exemplo) há condicionantes sociométricos que constituem a "autorização externa" para a conduta individual. Cada pessoa exposta a esse poder desenvolverá uma correspondente "autorização interna". Em pacientes muito prejudicados, a autorização interna é tão frágil que a demanda será uma repetida dependência da permissão externa. O equilíbrio entre uma autoridade externa e interna será a base de uma verdadeira autoridade. O terapeuta, ao permitir e validar emoções e condutas, funciona como uma nova autoridade externa que visa a reforçar a autoridade interna do paciente.

amada em busca do bom cuidador, tentará fazer com que o terapeuta preencha esse papel. Ao terapeuta cabe a difícil tarefa de aceitar e validar os sentimentos do paciente sem entrar em conluio com a sua parte que atua, evitando tornar-se responsável por ele na realidade. O terapeuta precisa acreditar que o paciente tem dentro de si todo o potencial necessário para a mudança e enfatizar, terapeuticamente, o reconhecimento de suas emoções e a confiança nas próprias percepções, como formas válidas de interpretar a realidade, em vez de adotar emoções e opiniões alheias. A questão da gratificação das necessidades é a mais crucial para a terapia do *borderline*. Como já dissemos, toda a atuação do paciente com o terapeuta visa à busca de um lugar de importância especial frente a este.

Kroll (1993), estudando diversos casos, cita complicações terapêuticas e legais que resultaram da falta de discussão deste tópico em especial. Por exemplo, ações litigiosas alegando abuso sexual ou imperícia, movidas por pacientes contra terapeutas, ameaças de suicídio condicionadas a determinadas ações que o terapeuta deve ou não empreender etc.

Especialmente questões como ter ou não contato corporal com os pacientes (abraços em momentos de muita tensão, por exemplo), mudar horários de atendimento para dias e períodos especiais, permitir telefonemas extensos e em horários incompatíveis etc., são pequenas concessões que o terapeuta inicia por fazer quase que inconscientemente e que costumam evoluir a ponto de invalidar o *setting* terapêutico.

Por que será que mesmo terapeutas experientes costumam responder desta forma aos apelos de pacientes *borderline*? Provavelmente em função da extrema vulnerabilidade desses pacientes e por uma certa dose de contratransferência onipotente de salvadores[10] do mundo que todos nós temos.

O excesso ou a falta de gratificação prejudicam e até sabotam as terapias com pacientes *borderline*. O *borderline*, provavelmente como todos os psicóticos, tem a capacidade de cruzar a barreira profissional, como que necessitando sentir a pessoa real do terapeuta. Regras de assepsia profissional muito rígidas funcionam mal com esses pacientes, pois eles se sentem desvalorizados, desconfirmados e ficam furiosos.

É muito difícil para o paciente com estas dificuldades vivenciais ouvir a verdade. Esta "criança dentro do corpo adulto" faz tudo para não perceber que a infância já passou, e que as regras e privilégios do mundo adulto são diferentes agora. Por essa razão, suporte e empatia são fundamentais o tempo todo. Sem eles, o *borderline* não ouve as colocações do

---

10 Miller (1979) mostra habilidosamente como boa parte dos terapeutas advém de famílias em que lhes era solicitado serem os filhos "bonzinhos" que auxiliavam os pais.

terapeuta a respeito da realidade, porque se sente malcompreendido e briga com o terapeuta.

As dificuldades da terapia são inúmeras: o paciente *borderline* vive num estado de intenso sofrimento e, muitas vezes, as situações se precipitam e tornam-se tão complicadas que fica difícil focar o fato que as gerou. A sensação é de estar construindo uma casa no meio de um furacão, o que pode parecer bastante desanimador para o terapeuta. Além disso, como o *borderline* lida mal com todas as suas emoções, também lida mal com a raiva, estando freqüentemente sujeito a comportamentos agressivos e explosivos. O risco aqui é o terapeuta acabar "superinterpretando" a raiva, sem perceber aquilo que ela esconde, ou seja, uma intensa vulnerabilidade.

Finalizando, é preciso alertar para o perigo que Lineham (1993:97) denomina "culpar a vítima". No início do tratamento, o terapeuta se sensibiliza com o intenso sofrimento do paciente e tenta revertê-lo, mas, aos poucos, quando percebe que seus esforços parecem inúteis, pode começar a culpar o paciente por estar causando a sua própria desgraça (ele é que não quer mudar e está resistindo à terapia). O que está ocorrendo aqui é que o terapeuta acaba observando a conseqüência do comportamento (o sofrimento do paciente e o sofrimento que ele inflige ao terapeuta) e atribuindo essa conseqüência a motivos internos e deliberados do paciente. Nessa situação, fica muito fácil para o terapeuta resignar-se ao fracasso, culpando o paciente pela interrupção do tratamento e eximindo-se de responsabilidades.

O paciente *borderline* em psicoterapia psicodramática

> *"Parece não haver nada para o que os seres humanos estejam mais mal preparados e o cérebro humano menos equipado do que para a surpresa."*
>
> Moreno

Tendo em vista o caráter relacional do psicodrama, é fácil perceber sua adequação no tratamento do paciente *borderline* em que a relação paciente-terapeuta é o instrumento fundamental.

Além de um relacionamento terapêutico intenso, que oferece uma chance de "corrigir ao vivo" formas de relacionar-se, o Psicodrama, graças aos seus recursos técnicos, consegue entrar sutilmente no campo das defesas intrapsíquicas do paciente, fazendo com que ele possa relacionar-se com partes cindidas de si mesmo.

Trata-se de um movimento dialético entre um mergulho nos bastidores da vida psíquica, onde as feridas relacionais do passado se armazenam, erigindo exércitos de defesas caracterológicas, e a volta para o aqui e agora, de uma relação continente e validadora, que, além de testemunhar a dor de outrora, proporciona um novo modelo relacional reparador. O paciente *borderline*, habituado a se defender verbalmente, surpreende-se com o Psicodrama. Ele não consegue controlar e prever nem as ações do terapeuta, nem suas próprias reações e associações. Isto representa uma grande vantagem para o terapeuta, que deve, entretanto, ser cuidadoso com o *timing* e a sensibilidade do paciente. Muitas vezes o paciente mostra-se muito aquecido, trazendo material de cunho íntimo, como que desvelando impulsivamente toda sua dor. Uma aproximação demasiadamente brusca corre o risco de se deparar com a falta de estrutura elaboradora do paciente que depois, invariavelmente, se sentirá lesado. Muitas vezes, trata-se de desaquecer o paciente, para ele ir devagar no aprofundamento de suas questões e agir de forma responsável pelo seu nível de auto-exposição.

N. L., 50 anos, há dois anos em terapia individual, inicia uma sessão num grupo terapêutico em que as pessoas mal se conhecem e se mostram cuidadosas e hesitantes, sendo a última a se apresentar. Toma a palavra de forma agressiva, dizendo que não estava ali para perder tempo, que havia sido estuprada quando criança e até hoje buscava experiências perigosas, tais como transar com qualquer pessoa que lhe aparecesse pela frente. O grupo fica estupefato, ninguém fala nada, a paciente fica raivosa e provoca uma discussão.

T. interfere, mostrando-lhe que aquilo a que ela se referia como "perda de tempo" era uma forma normal de as pessoas irem gradualmente se conhecendo para poderem construir um vínculo de confiança mútua, em que a intimidade de cada um pudesse ser contida. Na cena de estupro que contara, sua intimidade não havia sido respeitada e a forma como ela se apresentava ao grupo acabava sendo uma espécie de auto-estupro, onde ela não se respeitava e nem respeitava o momento grupal.

No caso em questão, T. apenas assinalou a rapidez e intensidade com que a paciente desejava iniciar os vínculos. Outras formas de superaquecimento demandam pequenos recursos técnicos para ajudar o paciente a desaquecer. Montar cuidadosamente as cenas, pedir inversões de papéis com objetos do ambiente, entrevistar cuidadosamente personagens coadjuvantes são formas de desaquecimento estratégicas.

P., na montagem de cenas, já entrava nos papéis e contrapapéis dialogando ferozmente, mal dando tempo de compor o cenário. Parecia achar que era perda de tempo detalhar o espaço, como se estivesse sempre premida por uma urgência em terminar logo a tarefa. Um dia T. lhe pede, após ela ter descrito rapidamente o seu quarto, que troque de lugar com a chave da porta. Ela pareceu completamente surpresa e comentou bruscamente que nunca tivera uma chave na porta. Então, T. lhe pede que assuma o papel dessa porta sem chave, e ela, muito emocionada, conta que a porta não protegia sua intimidade e que por lá entrava de madrugada um pai que a observava desnuda.

A técnica do duplo é preciosa, mas perigosa para ser utilizada com o *borderline*. Os cuidados se referem principalmente à questão do *timing*, apontada anteriormente, pois facilmente o paciente nega o duplo, se este não estiver sintonizado com a sua vulnerabilidade. Aliás, o melhor duplo com um paciente enfurecido é o que aponta a tristeza, a mágoa e a decepção que levaram à resposta defensiva. Muitas vezes, sentimentos de humilhação e vergonha também estão envolvidos.

Um duplo que aponte o caráter manipulativo do comportamento agressivo do paciente precisa ser introduzido cuidadosamente, e só após a afirmação de seus aspectos fragilizados.

R., 30 anos, há dois em terapia bipessoal e há seis meses em terapia grupal. Chega à sessão de grupo raivosa com as demais colegas que haviam combinado telefonar-se e sair durante a semana, sendo que ninguém a procurara. Diz para o grupo:
– Não dá para confiar em ninguém mesmo! Vocês só falam, mas no fundo são tão irresponsáveis e sacanas quanto todo o mundo! Eu não sei do que adianta fazer terapia se as pessoas são tão acomodadas e não se importam com os sentimentos das outras. Nunca mais combino nada com vocês!!!
Várias pessoas do grupo tentaram justificar sua ausência, mas a todas R. rebatia com fúria crescente, não aceitando as desculpas e invalidando quaisquer tentativas de conciliação. T. fez um duplo do grupo dizendo a R. como o grupo se sentia impotente, pois ela não aceitava nada do que lhe ofereciam.
R. ficou ainda mais furiosa, dizendo que agora o grupo era o coitadinho e ela, a vilã, quando, na verdade, a situação era inversa. T. colocou-se a seu lado então e, assumindo a mesma posição corporal, disse baixinho:
– Eu queria tanto ser compreendida, não acusada... me sinto tão triste... eu queria tanto ter estado com vocês durante a semana... tudo deu errado! E agora... está tudo ficando pior ainda... não sei como consertar... me sinto cada vez mais sozinha!
A paciente começou a chorar muito após o duplo e pôde mudar de postura diante do grupo que, por sua vez, conseguiu enfim se aproximar e conversar com ela.

A técnica do espelho é muito útil para permitir uma visão à distância do jogo de forças envolvidas nas interações, bem como da Psicodinâmica produzida. O terapeuta pode, nesta situação, formular uma síntese daquilo que a cena mostra, acentuando partes que, provavelmente, o paciente não se deu conta ainda. Seria como que uma reinterpretação, *in loco*, de fatos que o paciente interpretou de outra forma.

L., 20 anos, está se tornando alcoólatra, entrando mais e mais em drogas pesadas. Diz que não é capaz de resistir à droga quando sabe que tem a possibilidade de consegui-la. Entretanto, depois de usá-la, sente-se muito mal e arrependida por ter-se deixado levar.

Partindo da cena em que cede ao uso da droga, L. chega a uma cena em que está com 4 anos, sozinha em casa, sentindo-se triste e abandonada. Enquanto brinca solitariamente com uma grande bola, pensa que caso se machucasse, os pais teriam de voltar para casa e cuidar dela. Ato contínuo, joga-se de encontro à parede com toda força, ferindo-se na cabeça que começa a sangrar.

Os pais são chamados e voltam imediatamente para socorrê-la. Embora sinta dor, L. está feliz: seus pais estão preocupados com ela, estão junto dela. Até que foi um bom preço o que ela pagou!

T., deixando as posições assinaladas pelas almofadas, pede-lhe que saia e observe a cena de fora. Estimula a paciente a observar o que está acontecendo com aquela menininha a partir de seu papel atual, adulto.

– Olha o que está acontecendo com aquela menina. Ela está aprendendo que machucar-se, agredir-se é um bom método para conseguir atenção e é isso que vai seguir fazendo em sua vida. Sua capacidade autodestrutiva irá num crescendo: vai envolver-se em acidentes de carro, ingerir grandes quantidades de álcool, passar a consumir drogas cada vez mais pesadas... Será que era isto o que ela queria realmente? Antes de começar a se machucar, do que você acha que ela precisava?

L. observa tristemente a menininha, dizendo que ela precisava de amor e aconchego, mas que aqueles pais eram incapazes de lhe dar isso de forma espontânea. T. pede-lhe então que ela, adulta, acolha sua menininha carente e veja se, juntas, desejam manter o pacto de auto-agressão e autodestruição; se continuam achando que aquele é um preço razoável para conseguir amor e atenção.

L., segurando nos braços a almofada que representa a menininha, fala-lhe afetuosamente, dizendo que não era isso o que ela queria e que seria preciso descobrir outro caminho, mas que isso levaria tempo, porque ela não tinha idéia de como poderia fazer de forma diferente.

O espelho é, pois, um lugar privilegiado de *insights*, tanto para o paciente como para o terapeuta, mas é importante que o terapeuta seja fiel àquilo que o paciente trouxe, não acrescentando conteúdos próprios ou teóricos.

A técnica da Realidade Suplementar torna-se um recurso valioso a ser empregado na terapia do paciente *borderline*, pois permite que ele entreveja, ainda que na fantasia, as soluções necessárias para as várias situações sem saída que, freqüentemente, se propõe.

B., 27 anos, há quatro anos em terapia individual e de grupo. Queixa-se de insatisfação profissional, pois acaba sempre tendo de assumir uma responsabilidade maior do que a de seu sócio na empresa. Sente-se incapaz de discutir essa questão com o sócio sem se tornar ressentido e agressivo internamente, ao passo que sua atitude aparente é de submissão e impotência. Numa cena em que apresentava essa reação diante do sócio, T. lhe pergunta em que outra situação de sua vida se sentira daquela mesma forma. Prontamente, B. traz uma velha cena, já bastante conhecida de T. em que, após o suicídio de sua mãe, tenta desesperadamente agradar o pai, embora sentindo-se injustiçado. A criança de 6 anos, fraca e indefesa, não tem alternativas, na ausência de pessoas que cuidem ou apostem nela.

– Invente os pais que você gostaria de ter – sugere-lhe T.

B., visivelmente encantado, escolhe dois elementos do grupo de quem gosta muito para fazer o papel desses pais ideais, continentes, afetivos e incentivadores. Gasta um bom tempo "curtindo" e aperfeiçoando os pais, até se dar por satisfeito.

– Vamos voltar para a cena com o seu sócio, só que desta vez você terá atrás de si os "bons pais", que vão torcer por você.

B. olha para o sócio, olha para os "pais" que o fitam com carinho; sua postura se endireita e diz para o sócio calmamente.

– Há tempo que estou muito descontente com o rumo que as coisas estão tomando na empresa. Acho importante discutirmos o assunto em profundidade, porque cogito romper a sociedade.

Na sessão seguinte, B. conta-nos que o "casal de pais postiços" parece ter injetado nele uma força que o está ajudando a resolver não só a situação da sociedade, como outras situações emperradas da sua vida.

Uma técnica muito útil para o trabalho com aspectos agressivos do paciente é a combinação da concretização da raiva com a interpolação de uma metáfora que possa simbolizar o produto concretizado. Cukier (1995:101-107) descreve bem esse trabalho de interpolação de personagem, mostrando como, com o relaxamento do campo intrapsíquico do paciente, é possível o favorecimento da vivência de papéis reativos e defensivos, destacando-os do resto da personalidade.

A., 43 anos, há dois em terapia bipessoal, queixa-se de ciúme doentio em relação ao marido e freqüentes crises de agressividade detonadas por situações em que se sente desconfirmada como mulher. Numa dessas ocasiões, monta a cena do marido chegando em casa de madrugada. T. lhe sugere:
– Mostre-me no seu corpo... sem falar... como você está se sentindo.
A paciente levanta os braços e arregaça unhas e dentes como se fosse uma fera.
– Exagere mais toda a tensão – sugere-lhe T. A paciente tensiona-se inteira e parece um monstro contorcido de raiva. T. deixa que ela experimente a tensão corporal algum tempo e, depois, de forma assertiva, sugere:
– Quero que você encontre agora um personagem... de história, filmes,... qualquer personagem que poderia se sentir assim.
– Qualquer coisa... – pergunta-lhe a paciente.
– Sim... o que primeiro lhe ocorrer... não censure.
– Uma mulher telúrica... – responde com firmeza.
– Como você é, mulher telúrica? – pergunta T. curiosa.
– Sou metade mulher... até sensual... e metade fera..., como uma onça com os dentes prontos a estraçalhar sua presa.

A partir daí, T entrevista bastante essa mulher telúrica, tentando saber sua história, quando surgiu, em que consiste seu poder, se é que tem algum etc. Após este aquecimento no papel, T pede à paciente que volte a seu próprio papel, que seja ela mesma e que lhe diga quando e para que precisou criar essa mulher telúrica dentro de si.

A paciente prontamente traz uma cena em que, com 5 anos, era levada ao consultório de uma psicóloga contra a sua vontade. Tão logo chegava lá, começava a chutar, berrar e uma vez quebrou a vidraça do consultório. Sua mulher telúrica era a forma de defesa infantil que criara contra a impotência que sentira ao ser tratada como louca. Tornou-se a "louca" para se vingar de ser considerada "louca".

Em muitas outras sessões a metáfora da "Mulher Telúrica" foi usada, até uma colagem foi feita para concretizá-la mais e acabou sendo uma espécie de jargão entre T. e a paciente, cada vez que queriam se referir a essas reações defensivas agressivas, que no fundo a denegriram mais do que a defendiam.

Acreditamos que quando um paciente *borderline* começa a compreender o caráter defensivo de suas partes agressivas, estas ganham dignidade e ele pode já não se identificar com elas, mas buscar ativamente

96

uma forma mais hábil de se defender, e esta técnica – somatória de concretização com interpolação de metáforas – é extremamente útil para tal finalidade.

Para finalizar, gostaríamos de comentar brevemente a técnica psicodramática básica, ou seja, a Inversão de Papéis. Vivenciar o papel do outro possibilita ao paciente absorver aspectos da relação que não havia imaginado e possibilita ao terapeuta ter uma visão mais global da psicodinâmica do processo.

Freqüentemente, quando estamos investigando cenas da infância, no caso de pacientes *borderline*, deparamo-nos com um "Outro", adulto abusivo. É importante que o paciente tenha confirmada sua vivência do abuso, mas é igualmente importante que possa, eventualmente, resgatar algum aspecto positivo dessas relações primárias, sem entretanto negar o abuso sofrido e a emoção conseqüente.

S., 28 anos, que apanhara sistematicamente com uma vara de marmelo na infância, conta, quando T. o entrevista no papel da mãe, que ela mesma, a mãe, apanhara com um fio de cobre na infância. Sua intenção, ao bater no filho com a vara de marmelo, era dar-lhe a mesma educação, machucando-o menos.

Perguntar pela real intenção do adulto abusivo pôde, neste caso, resgatar um aspecto até generoso da mãe, o que, de alguma forma, confortou o paciente.

Conclusão

Atender pacientes *borderline* representa um desafio constante para o terapeuta. As dores de uma infância carente de cuidados básicos e validação impregnam a forma de vinculação possível para esses pacientes, tornando-os desconfiados, exigentes, estrategistas, eternamente insatisfeitos. Alcançar um equilíbrio entre atitudes de aceitação, suporte e validação, por um lado, e a colocação de limites estruturadores da realidade por outro, representa uma difícil tarefa para o terapeuta.

O papel sedutor de "salvador", buscando preencher as enormes carências do paciente, ou o de "culpabilizador da vítima", responsabilizando o paciente pelo fracasso da terapia, são armadilhas constantes nesta tarefa.

A construção de uma "pele emocional" que possa ajudar o paciente a conter e organizar suas emoções faz-se num vínculo terapêutico criativo, por meio de pequenos "enxertos" que permitam dar-lhe um invólucro, para que ele possa crescer e se desenvolver dignamente.

REFERÊNCIAS BIBLIOGRÁFICAS

AMERICAN PSYCHIATRIC ASSOCIATION (1995). *Manual de diagnóstico e estatístico de transtornos mentais*. 4ª ed. Porto Alegre, Artes Médicas, DSM IV, p. 617.

CUKIER, R. (1995). "Como sobrevivem emocionalmente os seres humanos?" *Revista Brasileira de Psicodrama*. São Paulo, v. 3, fascículo II.

———. (1992). *Psicodrama bipessoal – sua técnica, seu paciente e seu terapeuta*. São Paulo, Ágora.

ERIKSON, Erik (1968). *Identidade, juventude e crise*. Rio de Janeiro, Zahar.

FALIVENE, L. (1995). "Jogo: Imaginário autorizado e exteriorizado". In: Julia Mota. *O jogo no psicodrama*. São Paulo, Ágora.

HERMAN, J. L. (1992). *Trauma and recovery*. Nova York, Basic Books.

KREISMAN, J. e STRAUSS, H. (1989). *I hate you don't leave me understanding the borderline personality*. Nova York, Avon Books.

KROLL, Jerome (1993). *PTSD/Borderlines in therapy: finding the balance*. Nova York, W. W. Norton and Company Inc.

LINEHAM, M. Marsha (1993). *Cognitive behavioral treatment of borderline personality disorder*. Nova York, Guilford Press.

MAHLER, M. (1977). *O nascimento psicológico humano*. Rio de Janeiro, Zahar.

MILLER, Alice (1979). *O drama da criança bem-dotada*. São Paulo, Summus, 1997.

MILLON, T. (1987). "On the genesis and prevalence of the borderline personality disorder: A social learning thesis". *Journal of Personality Disorders 1*. In: Marsha Lineham (1993) "Cognitive Behavioral Treatment of Borderline Personality Disorder". Nova York, Guilford Press.

PAUL, A. Andrulois et alii. (1980). "Organic brain dysfunction and the borderline syndrome". In: J. Kreisman. *Psychiatric Clinics of North America 4*, 1991.

STEWART, A. Montgomery (1987). "The psychopharmacology of borderline disorders". *Acta of Psychiatry of Belgium 87*. In: Kreisman, J. (1991).

5

DISSOCIAÇÃO

Uma defesa essencial
ao psiquismo

Como já disse anteriormente, o psiquismo, quando severamente traumatizado, como nos casos de abuso infantil, possui mecanismos de defesa que, tal qual os glóbulos brancos, acionam-se automaticamente, com a função de afastar a atenção consciente do evento, pensamento ou afeto traumatizante. É assim que todos nós saímos da infância com algum tipo de cobertura para nossas dores psicológicas, nossas vergonhas e humilhações.

Macroscopicamente, é como se a parte traumatizada fosse encapsulada com uma ou várias capas protetoras, constituindo subpersonalidades que visam a aparentar e sentir menor vulnerabilidade.

Microscopicamente, este processo de autodefesa é bastante complicado. Começa com uma ação consciente do indivíduo para se afastar dos estímulos causadores de seu desconforto físico e/ou psicológico. Por exemplo, quando uma criança é submetida à força a castigo físico por algum adulto ou sofre qualquer tipo de abuso, ela pouco ou nada pode fazer para escapar do que realmente está ocorrendo. O que ela pode tentar é modificar a forma como reage ao que está lhe acontecendo, ou seja, pode tentar mudar sua sensação interna de dor física e/ou moral. Isso pode ser conseguido de muitas maneiras: mordendo a própria mão, imagi-

99

nando-se ativamente em outro lugar, cantarolando compulsivamente, voando para o espaço ou para o teto, abandonando o corpo etc.

Os estudos de hipnose ericsoniana mostram que quando a atenção consciente é focada em qualquer coisa, intensa e persistentemente, acaba por gerar um estado de auto-hipnose em que uma parte da mente absorve-se no foco deliberado, separando-se da experiência sensorial concreta. É assim que sob hipnose, por exemplo, muitas dores reais são superadas, consegue-se um nível de anestesia que favorece trabalhos odontológicos, é até possível criar dores inexistentes, por exemplo, uma bolha d'água no local onde se determina que haverá uma queimadura grave.

É lógico que uma criança pequena não conhece auto-hipnose, nem entenderia tal coisa, se lhe ensinássemos. Trata-se de uma função automática, instintiva e reflexa; da mesma forma que não se ensina os pulmões a respirarem ou o coração a bater, a mente tem a capacidade de permanecer associada à experiência sensorial concreta ou fugir dela, "dissociar-se", quando não suporta testemunhar o que está lhe acontecendo. De alguma forma, todos nós descobrimos desde pequenos como manejar nossas mentes nesta ou naquela direção.

Este mecanismo de defesa chama-se dissociação (cisão), e durante muitos anos foi relacionado quase exclusivamente a perturbações emocionais graves, tais como a esquizofrenia, ou a desordem de personalidade múltipla. Atualmente, seu estudo tem ganhado a atenção de psiquiatras, psicólogos e neurologistas, e o lugar que ocupa no quadro dos mecanismos de defesa tem mudado: já não é vista como uma defesa rara e grave, mas como um fenômeno contínuo, um "*continuum* dissociativo", que pode variar desde a normalidade até formas e graus severos de disfunção.

Um pouco de história

A característica dissociativa do psiquismo humano é há muito conhecida pela psiquiatria. Revisões cuidadosas (Ellenberger, 1970; Alexander e Selesnick, 1968:235-236) mostram que já em 1701 a literatura psiquiátrica fazia referências à severa psicopatologia dissociativa e discussões sobre personalidade múltipla, a forma clínica mais extrema de um distúrbio dissociativo, não eram incomuns no século XIX e começo do século XX.

Pierre Janet (1889) e William James (1890) consideravam a dissociação a patologia essencial da histeria, consistindo numa incapacidade de integrar na memória eventos traumáticos. Também Morton Price (1854-1929) descreveu casos raros de dupla personalidade.

Freud

Todos os escritos de Freud entre 1892 a 1896, período em que utiliza a hipnose para estudar a histeria e reúne evidências sobre a sedução infantil por parte dos adultos, contêm muitas citações sobre o fenômeno dissociativo.

A palavra "defesa", segundo Ana Freud (1946), só foi escrita pela primeira vez em 1894, posteriormente ao uso dos termos "clivagem da consciência", "clivagem do ego", "clivagem psíquica", todos traduções da mesma palavra alemã *Spaltung* (Laplanche e Pontalis, 1998:101-104). Freud descrevia com eles a coexistência no seio do psiquismo de dois grupos de fenômenos, ou duas personalidades, que podiam se ignorar mutuamente.

A própria concepção do inconsciente freudiano[1] foi motivada exatamente pela necessidade de explicar a origem dessa clivagem, causando um grande choque na comunidade científica da época, acostumada a idealizar o ser humano como uno, consistente e coerentemente comandado por suas ações conscientes. Mais surpreendentes ainda eram as considerações sobre o caráter perverso e cruel dos adultos em relação às crianças, questões trazidas à tona pelo relato das histéricas que denotavam haverem sido abusadas sexualmente na infância.

Em 1897, numa carta endereçada a Fliess (Laplanche e Pontalis, 1998:611), Freud mostra dúvidas sobre a veracidade das cenas de sedução relatadas por suas pacientes, inclinando-se a pensar que são produtos fantasmáticos de seu inconsciente. Masson (1984) afirma que faltou-lhe, na realidade, coragem para enfrentar a oposição acadêmica que suas descobertas criariam.

Talvez jamais saibamos suas verdadeiras razões; o fato é que a partir de então o termo *recalcamento* (repressão) ganhou total ascensão em sua obra, quase substituindo a palavra defesa[2] e designando tanto o mecanismo pelo qual o ego reprime pulsões sexuais e agressivas como a própria razão da formação do inconsciente.

A visão do homem freudiano agora se completa: além de um ser dividido, passa-se a considerar que, desde a infância, ele possui desejos libidinosos intensos e perigosos que tomam por objeto os próprios pais, e que por ação do recalcamento são represados, retornando como sintomas em algum outro momento da vida. Essa concepção patologizante do ser humano, dominado pela sexualidade e pela repressão, foi minuciosa-

---

1 Janet se opunha a este conceito.
2 Só em 1926, no artigo "Inibição, sintoma e angústia", Freud esclarece seu pensamento, afirmando que a palavra *defesa* designa de forma genérica todas as técnicas de que o ego se serve em conflitos que possam redundar em neurose, ao passo que o termo *recalcamento* significa apenas um método especial de defesa.

mente completada durante toda a obra posterior de Freud, mas jamais modificada[3].

Quanto à dissociação ou "cisão", apesar de historicamente ter sido descrita antes do fenômeno da repressão ou recalcamento, seu uso ficou limitado, na Psicanálise, às psicoses e perversões, sendo esta uma das razões, segundo Putnam (1989), para o declínio do interesse em seu estudo na segunda metade do século XX.

Pós-Freud

Na psicologia de forma geral e mesmo dentro da psicanálise[4], novos modelos têm sido propostos para pensar o funcionamento mental, salientando, entre outras contribuições: a importância das experiências interpessoais na produção das neuroses; a dissociação como um mecanismo mais normal do que se pensava outrora; conceitos como narcisismo, auto-estima sendo centrais na estruturação da personalidade etc.

A análise transacional de Eric Berne (1985) propõe, nos anos 50, um modelo de compreensão do psiquismo calcado na existência natural e não patológica de estados-de-ego, enfatizando a etiologia interpessoal dos conflitos intrapsíquicos.

A gestalt-terapia (Polster e Polster, 1973) enfatiza a identificação das polaridades dialéticas dos estados-de-ego que apresentam motivações opostas e características conflitantes. A acentuação desses estados opostos (trabalho com as duas cadeiras, com sonhos etc.) é a atividade terapêutica mais importante. O objetivo é aumentar a aceitação desses aspectos do *self* que estavam previamente dissociados e rejeitados, e resolver esses conflitos com a maior profundidade possível.

A psicossíntese (Assagioli, 1965) refere-se aos estados-de-ego como "subpersonalidades" e enfoca a identificação e resolução dos conflitos entre essas subpersonalidades. A psicologia do *self* (Kohut,1971) e a teoria das relações objetais (Kernberg, 1966) referem-se aos estados-de-ego em suas próprias terminologias.

Bowlby (1980) notou que a negação parental da experiência da criança faz com que ela relegue a representação dessa experiência ao in-

---

3 Miller (1993) e Masson (1988) acham que Freud salvou a honra dos adultos perversos de sua geração, mas denegriu para sempre toda a espécie humana: não apenas aqueles adultos eram abusivos, mas a própria natureza humana passou a ser encarada de forma patologizante e dominada por pulsões sexuais e agressivas.
4 No capítulo 2 mencionei a contribuição de Sullivan, Karey Horney, Winnicott, Alexander Lowen, Heinz Kohut e Winnicott, entre outros. Neville Symenton (1993) fala que nós não somos os únicos donos da casa, nosso *self* é composto de diferentes partes, e o maior problema do ser humano é conquistar uma harmonia dentre essas partes.

consciente. Parece que a repetição desse tipo de manobra defensiva excluidora, durante o período pré-puberal, de plasticidade neurológica e psicológica, pode conduzir a uma elaboração gradual e progressiva de estados-de-ego separados que permanecem co-inconscientes e se engajam em processos paralelos sensoriais e mentais. J. G. Watkins e H. H. Watkins (1981), baseados na psicologia do ego de Paul Ferder, propõem um modelo de funcionamento mental que denominaram "Teoria dos Estados-de-ego". O psiquismo, nesse modelo teórico, subdivide-se e organiza por estados-de-ego ou esquemas, que mantêm entre si graus de conflitos, separação e/ou integração, responsáveis pela produção de sintomas. Utilizam ecleticamente várias técnicas que incluem educação, hipnose, mediação do conflito etc., para produzir compromisso e cooperação interessados.

Horowitz (1987-88), combinando a psicologia do ego com conceitos cognitivos, desenvolveu uma nova síntese de psicodinâmica, definindo "estados-de-mente" como elementos básicos da experiência e do comportamento. Para estudar o processo psicoterápico, desenvolveu um método denominado "análise configurativa", segundo o qual em interações e experiências normais uma pessoa experimenta variações de estados que são influenciadas pela associação entre os estímulos presentes na situação e as informações armazenadas que ela possui. Mudar de um estado para outro é uma tentativa de evitar ameaças; as mudanças podem ser observadas em seus comportamentos e afetos.

"*Continuum* dissociativo" – um modelo da neuropsicologia para o funcionamento da mente

Formas contemporâneas de pensar o psiquismo, advindas tanto da Psicologia quanto da Neuropsicologia, sugerem que a mente funciona num *continuum* dissociativo-associativo. Segundo H. Spiegel (1963:136, 374-378), a dimensão dissociativa varia desde eventos diários normais – fantasia diurna, estados de transe naturais como o que se tem ao dirigir durante muitas horas em grandes rodovias, superconcentração numa tarefa – até Desordens de Múltipla Personalidade (MPD) e estados de fuga que apresentam amnésia e descontinuidade de identidade.

Da neuropsiquiatria recente (Damásio, 1994), aprendemos que nossa experiência vital (percepções, cognições, afetos, sensações, motivações) é armazenada por diferentes memórias, que na realidade constituem complexos circuitos neuronais com ramificações em vários sistemas dentro do organismo. Determinado estímulo corporal pode ativar automaticamente certo circuito que criará uma imagem mental referente a uma lembrança do passado, por exemplo. Ou uma determinada emoção pode estimular nosso sistema límbico e criar substâncias que por sua vez se conectem com partes do cérebro onde determinadas imagens são acionadas.

O não-lembrado vira fato pensado e rememorado de forma intrusiva no estresse pós-traumático, e aparece de forma surpreendentemente fácil em algumas cenas psicodramáticas, evocado por algum detalhe aparentemente secundário. Sobre a memória, sabemos por estudos com animais que quando um alto nível de adrenalina e outros hormônios de estresse estão circulando, o *imprinting* de imagens e fatos é muito intenso (Shore, 1986).

Estudos sobre amígdala (Goleman, 1995), feixe de estruturas interligadas situado acima do tronco cerebral, perto do anel límbico, sugerem que essa região é uma espécie de especialista em questões emocionais, e uma de suas principais funções é dar um alarme toda vez que algum estímulo perigoso se aproxima. Antes de o córtex cerebral processar a informação sobre qual é exatamente o perigo, reações de fuga já se estabelecem no organismo.

Provavelmente nós, seres humanos, nos ligamos (associamos) e desligamos (dissociamos) de experiências, memórias, emoções e imagens de muitas formas e por várias razões, sobretudo defensivas.

Dissociação e trauma

Nos últimos 15-20 anos houve um ressurgimento do interesse pelas desordens dissociativas. Além das contribuições da hipnose ericsoniana, dos conhecimentos advindos das terapias cognitivas e familiares, um dos fatores que mais tem estimulado este estudo é, sem dúvida, o aumento do interesse por desordens do estresse pós-traumático, tais como: neuroses de guerra, patologia *borderline*, diversas formas de abuso infantil (sobretudo o sexual) e todas as questões relacionadas à violência doméstica. É preciso mencionar também a emancipação feminina e os movimentos feministas que desde os anos 70 começaram a pressionar a legislação[5], chamando atenção para os crimes contra a mulher e a criança.

Todas essas abordagens trabalham com a mesma temática que motivara Freud, ou seja, o trauma, atualmente revisto à luz de novos conhecimentos.

Resumidamente, discorrer sobre a questão do trauma é falar daquilo que se passa com as pessoas quando lhes falta poder. Na hora do trau-

---

5 A primeira conferência pública sobre estupro foi organizada pelas Feministas Radicais de Nova York, em 1971, e a Primeira Tribuna Internacional de Crimes contra a Mulher foi em Bruxelas, em 1976.

ma, a vítima é rendida por uma força maior. Fala-se em *desastre*, quando se trata de uma força da natureza, e em *atrocidade*, quando a força é exercida por outro ser humano. São, em última análise, eventos que ameaçam a vida ou a integridade corporal, carregados de violência e, às vezes, muito próximo da morte. Confrontam o ser humano com os extremos de fragilidade e terror, esfacelando os sistemas ordinários de defesa e evocando respostas de catástrofe, em vez das respostas normais de controle, conexão e sentido da realidade.

Judith Herman (1992) mostra que os sintomas do estresse pós-traumático podem ser organizados em três categorias:

1- Excitabilidade exagerada – expectativa persistente de perigo; respostas impulsivas e ansiosas, reações de irritabilidade, falta de sono, pesadelos. A pessoa parece estar continuamente de guarda, sempre pronta para reagir. O sistema nervoso simpático parece cronicamente estimulado.

2- Intrusão – memória detalhada e intensa, recorrente e não intencional do evento traumático, mesmo decorrido bastante tempo. O paciente parece ter "uma idéia fixa", que ele narra de forma congelada e estereotipada, com os mesmos detalhes sempre. É como se essas memórias fossem guardadas de uma forma menos verbal e mais intensamente corporal e imagética, exatamente como memórias infantis.

Nas crianças, observa-se que apesar de negarem verbalmente ter sofrido abuso, o livre jogar é substituído por uma dramatização-clichê que rememora o evento traumático. Os adultos também têm a tendência a dramatizar alguma parte do trauma, sem se aperceberem disso.

Na realidade, penso que a atuação dos sintomas é uma espécie de dramatização *a posteriori* da história traumática, só que agora o paciente toma um papel ativo e aparentemente potente na situação. A potência que ele não conseguiu ter na cena infantil a que fora submetido é conquistada no presente, nessa estranha trama em que o sintoma faz parte do enredo.

Freud falava da compulsão à repetição como uma manifestação do instinto de morte. Muitos autores modernos vêem nesta forma de reatuação uma mobilização de forças espontâneas de sobrevivência, uma possibilidade de triunfo *a posteriori*. O sintoma que nunca é vencido e o paciente que nunca desiste de vencê-lo representam a situação traumática e o próprio paciente, só que agora ele tem chances de ganhar.

3- Constrição ou dissociação – quando uma pessoa fica completamente submetida, sem poder reagir de forma alguma, ela entra num estado de completa resignação, sem poder empreender as ações normais de autodefesa e fuga; o que faz é atuar em si mesma, alterando seu estado de consciência.

Nos animais, observamos uma resposta fisiológica diante do predador que é o congelamento, forma de aparentar estar morto para não ser morto. O que ocorre, na verdade, é uma constrição dos sistemas respiratório e circulatório. Nos seres humanos, esse tipo de defesa filogenética, primária e instintiva, persiste, tanto que sempre que estamos com medo, nossa primeira reação é deter a respiração.

Uma conseqüência da constrição é a alteração do estado de consciência. Situações de horror inevitável provocam, muitas vezes, ao invés de pânico ou ira, um estado de calma desapegada em que o terror, a raiva e a dor se dissolvem. Os fatos continuam a ser registrados, mas neste clima de desapego, de desconexão do sentido original, de semi-anestesia, como se a realidade estivesse em câmara lenta. Judith Herman (1992) diz que esse estado, similar ao transe hipnótico, é uma graça especial da natureza para o homem.

Janet pensava que a capacidade de entrar em transe era sinal da psicopatologia de suas pacientes histéricas. Hoje em dia sabe-se (Hilgard, 1977) que apesar de as pessoas variarem muito nessa capacidade, ela é uma habilidade normal da consciência humana. Pessoas traumatizadas que não conseguem dissociar podem tentar produzir efeitos similares ao transe, com o uso do álcool ou drogas.

Níveis patológicos de dissociação

O ponto no qual a dissociação é considerada patológica deve ser arbitrariamente determinado à luz da natureza contínua do processo dissociativo.

A presença de amnésia (que, em si, também pode variar) indica um elevado nível de distúrbio associativo da função egóica, o que certamente resultará em uma disfunção de comportamento. Entretanto, muitos pacientes com severo distúrbio dissociativo não apresentam amnésia.

É típico de níveis mais acentuados de dissociação, sensações de estranheza, impulsividade, percepções e sensações que desafiam a consciência. O paciente com distúrbio dissociativo reclama com freqüência de impulsos suicidas ou automutilantes; níveis desequilibrantes de raiva, medo, pânico, terror e vergonha; ou de comportamentos ego-distônicos e estranhos.

Podem ocorrer também, em vários níveis de intensidade e duração, despersonalização e desrealização, que criam ansiedade e exacerbam a desorientação dissociativa do paciente.

Há uma forte relação entre a idade na qual a defesa dissociativa é primeiramente empregada e a severidade da disfunção: quanto mais jovem a criança, quanto mais intenso e freqüente o trauma, mais profundos serão os efeitos sobre o desenvolvimento e o funcionamento de seu ego.

A severidade do distúrbio dissociativo determina o nível de perturbação da identidade. Na Desordem de Personalidade Múltipla, por exemplo, são formadas várias estruturas de identidade complexas, de diferentes faixas etárias, sexo e características de personalidade. Esses alter egos podem se manter separados uns dos outros ou desenvolver relações entre si.

Dissociação e infância carente

No Capítulo 1, ao descrever as diversas formas de abuso infantil, provavelmente estimulei o leitor a pensar que poucos de nós desfrutamos uma infância sem ansiedade, plena de contato e participação dos adultos, uma infância em que pudemos brincar e jogar sossegados e ser vulneráveis não representava um perigo. Portanto, muitos de nós adultos guardamos, atrás de nossas máscaras eficientes e orgulhosas, nossas vergonhas e humilhações desse período.

Será justo falar que todos somos traumatizados? A dor de sermos humilhados quando necessitamos de algo, ou explorados em nossa fragilidade, ou envergonhados por nossa vulnerabilidade pode causar estragos psicológicos semelhantes a um trauma grave?

Minha resposta é positiva num sentido e negativa em outro. Penso que dois dos aspectos descritos – excitabilidade exagerada e intrusão – nem sempre são sintomas presentes. Às vezes, pelo contrário, os pacientes com histórias de negligências graves apresentam passividade exagerada e amnésia como sintomas.

Acredito, porém, que em todas as formas de abuso infantil existe uma parte do psiquismo dissociada, exatamente aquela ligada aos sentimentos de vergonha profunda e humilhação vivenciadas na experiência infantil. Essa parte dissociada integra a trama representada pelo sintoma, cujo enredo básico é um triunfo da parte infantil do paciente, *a posteriori*, sobre as forças que o submetiam outrora.

Todos nós somos os heróis supremos de nossa própria vida e sobrevivemos graças a essas estratégias de defesa elaboradas quando éramos crianças, mas absolutamente anacrônicas para o momento atual.

Nas adições, por exemplo (drogas, álcool, comida, trabalho etc.), o problema aparente do paciente é poder não depender de algo que prejudica seu organismo. Na trama encenada pelo sintoma e o paciente, vemos como ele freqüentemente é vencido[6] pela substância à qual é adicto, exatamente como era submetido na infância por aqueles de quem de-

---

6 A consigna psicodramática do terapeuta – "Mostre-me o que o sintoma faz com você" – é útil para ajudar nesta discriminação da função do sintoma.

107

pendia. O ato heróico do sintoma consiste na denúncia do abuso de outrora, vivido então em completa solidão e submissão. Agora esse abuso pode ser testemunhado por todos, sobretudo pelos médicos, terapeutas e outros profissionais que tentam ajudar o paciente.

Nas anorexias, a trama consiste num ato heróico *a posteriori*, em que a paciente luta para ter controle total sobre aquilo que come, ou sobre o que entra ou não entra dentro de seu corpo. Tal sintoma denuncia, freqüentemente, submissão na infância a alguém que queria ter o controle de aspectos fundamentais de sua intimidade corporal.

Nos distúrbios esquizóides e/ou fobias sociais, vemos o paciente debater-se entre o desejo de ter amigos e a inveja ressentida em relação às pessoas que têm livre acesso às outras, sem tanto sofrimento. É como se houvesse uma barreira entre ele e o mundo, barreira esta que representa seu próprio ressentimento pelas pessoas de quem dependeu primariamente e que administraram mal ou de forma violenta suas necessidades básicas[7].

Distúrbios narcísicos e *borderline* descritos nos Capítulos 2 e 3 apresentam freqüentemente defesas dissociadas do ego que criam exatamente os problemas dos quais os pacientes se queixam. A grandiosidade extrema, a falta de empatia pelos outros, o empenho exagerado para conseguir poder, dinheiro e beleza e achar outros que espelhem e admirem sua grandiosidade, escondem de forma dissociada um sentimento de vazio e raiva freqüentemente relacionado à vergonha e humilhação na infância.

Conclusão

A grande descoberta freudiana de que todos temos um subterrâneo secreto, repleto de pulsões complexas e conflitantes, pode bem merecer uma reavaliação de seu significado à luz desses novos entendimentos. Primeiro esse subterrâneo é mais facilmente acessado do que se pensava, não está tão distante e escondido; seus conteúdos não apenas se referem a pulsões sexuais e agressivas do indivíduo em relação a seus objetos de amor, mas também a sentimentos de vergonha e humilhação, em geral advindos dessas mesmas relações experienciadas na infância de forma negligente e abusiva.

Creio que para abandonarmos os sintomas, condutas disfuncionais que nos causam sofrimento, um dos passos necessários é nos conectarmos (associarmos) com a dor de outrora, podermos conter e validar

---

7 Ver Capítulo 1.

nossa angústia infantil e prescindir dos atos de denúncia e/ou vingança, substituindo-os por outros mais criativos e apropriados ao momento atual. Esta não é uma tarefa fácil, como descrevi, ao tratar do trabalho com a criança interna.

REFERÊNCIAS BIBLIOGRÁFICAS

ALEXANDER, F. e SELESNICK, S. (1968). *História da psiquiatria*. São Paulo, Ibrasa.

ASSAGIOLI, R. (1965). "Psychosybthesis: a Manual of Principles and Techniques". Nova York, Hobbs & Dorman. In: James P. Bloch. *Assessment and treatment of multiple personality and dissociative disorders*, Nova York, Professional Resources Press, 1991.

BERNE, E. (1985). *Análise transacional em psicoterapia*. São Paulo, Summus.

BOWLBY, J. (1980). *Loss: sadness and depression*. Nova York, Basic Books.

DAMÁSIO, R. A. (1994). *O erro de Descartes*. São Paulo, Companhia das Letras.

ELLENBERGER, H. F. (1970). "The discovery of the unconsciousness". In: James P. Bloch. *Assessment and treatment of multiple personality and dissociative disorders*. Nova York, Professional Resources Press, 1991.

FREUD, A. (1974). *O ego e os mecanismos de defesa*. Rio de Janeiro, Civilização Brasileira. (Original de 1946.)

GOLEMAN, D. (1995). *Inteligência emocional*. São Paulo, Objetiva.

HERMAN, J. (1992). *Trauma and recovery*. Nova York, Basic Books.

HILGARD, E. (1977). "Divided consciousness: multiple controls in human thought and action". Nova York, John Wiley. In: J. Herman. *Trauma and recovery*. Nova York, Basic Books, 1992.

HOROWITZ, M. J. (1988). *States of mind: configurational analysis of individual psychology*. Nova York, Plenum.

KERNBERG, F. Otto (1992). *Agression: personality disorders and perversion*. (Cap. 6) Vail Ballou Press,

KOHUT, H. (1971). *Self e narcisismo*. Rio de Janeiro, Zahar. (Edição de 1984.)

LAPLANCHE, J. e PONTALIS J. B. (1998). *Vocabulário de psicanálise*. 4ª ed.; São Paulo, Martins Fontes.

MASSON, M. J. (1984). *Atentado à verdade*. 2ª ed., Rio de Janeiro, José Olympio.

_____. (1988). *Against therapy*. Maine, Common Courage Press.

MILLER, Alice (1993). *Breaking down the wall of silence*. Nova York, Penguin Books.

SHORE J. H., TATUM, E. L. e VOLLMER, W. M. (1986). "Psychiatric reaction to disaster: The Mount St. Helens Experience". *American Journal of Psychiatry*, 143, pp. 590-596. In: J. Herman, *Trauma and recovery*. Nova York, Basic Books, 1992, pp. 33-51.

SPIEGEL, D. (1963). "The dissociation: association continuum". *Journal of Nervous and Mental Disease*. In: James P. Bloch, *Assessment and treatment of multiple personality and dissociative disorders*. Professional Nova York, Resources Press, 1991.

SYMINGTON NEVILLE (1993). *Narcisism: a new theory*. Londres, Karnac Books.

WATKINS, J. G. e WATKINS, H. H. (1981). "Ego: statetherapy". In: James P. Bloch. *Assessment and treatment of multiple personality and dissociative disorders*. Nova York, Professional Resources Press, 1991.

6

ABUSO PROFISSIONAL

Este livro tratou, basicamente, do poder que um ser humano tem sobre o outro. Na infância, imersos em nossa impotência humana e indiscriminados, dependemos das pessoas que cuidam de nós e da forma como o fazem; na vida adulta, plenos de poder, repetimos com nosso corpo, nossas vidas e com as pessoas que dependem de nós, os padrões relacionais aprendidos no passado e, no final de nossas vidas, dependemos de nossos filhos, amigos e/ou profissionais de saúde para nos ampararem na doença e na velhice.

Sempre, por mais que tenhamos nos tornado independentes, autosuficientes, poderosos economicamente, cultos, belos etc. – sempre estaremos à mercê e sempre exercitaremos, a nosso modo, este poder.

Se na infância tivemos nossas necessidades básicas infantis negligenciadas ou administradas de forma violenta por aqueles que tinham poder sobre nós, as dores desse período de submissão forçada estarão para sempre registradas no nosso psiquismo e, de alguma forma, quando exercermos o nosso poder adulto, essa criança magoada se manifestará.

Nenhuma relação humana escapa desse destino transferencial, a menos que nos tornemos alertas e observemos cuidadosamente nossa forma peculiar de exercer o poder que temos em cada momento de nossa vida.

Acredito que este seja um dos objetivos de uma psicoterapia bem-sucedida e, para que ele possa ser atingido, a própria relação terapêutica precisa ser alvo de uma análise minuciosa, uma vez que nela também se joga com o poder.

O paciente, quando nos procura, está fragilizado por alguma situação crítica de sua vida. A segurança básica que tinha sobre como gerenciar suas necessidades foi momentaneamente abalada e quando ele nos pede ajuda tem implícito em seu pedido uma idealização do nosso poder de restituir-lhe essa capacidade. Além disso, a relação terapeuta-paciente é assimétrica em deveres e direitos; basicamente, é o terapeuta quem decide sobre os limites de tempo, espaço, dinheiro etc.

Portanto, o terapeuta tem diante de si uma pessoa fragilizada que em princípio se submete às suas regras e acredita que ele seja sábio, poderoso e hábil o suficiente para curá-lo ou ajudá-lo a retomar sua autonomia de outrora. É um poder imenso, convenhamos, e, infelizmente creio, nem sempre bem utilizado.

Lembro dos meus tempos de jovem terapeuta e da sensação de não saber o que fazia com os pacientes... ouço também muitas queixas de meus colegas, alguns me procurando agora para supervisão, dizendo que se sentem como "fraudes", entendendo muito pouco sobre como exercer o papel de terapeutas.

O aprendizado da função terapêutica é complexo e pouco estruturado. Após a formação universitária regular em Psicologia ou Medicina, o que se segue até uma pessoa se considerar terapeuta é um amontoado confuso de cursos de especialização em teorias diversas, nem sempre bons ou compreensíveis, supervisões e terapias em linhas variadas, nem sempre didáticas e efetivas.

Penso que falta objetividade, sistematização e simplificação da linguagem na transmissão de questões fundamentais, tais como psicodinâmica, por exemplo. Termos psicanalíticos, que Freud adaptou da Física e da Medicina para descrever o funcionamento do psiquismo, além de neologismos metafóricos do tipo Ego, Id, Superego, são freqüentemente utilizados, obrigando o estudante a conhecer ou supondo-se que conheça, por exemplo, a teoria psicanalítica. Na verdade, muitas vezes, o estudante conhece parte de uma teoria, e isso não significa que a conheça de fato, mas sim, em geral, significa adotar o ponto de vista de outra pessoa que lhe ensinou aquela parte e carecer de sua própria visão global para poder inclusive criticar aquilo que aprendeu.

Muitas vezes, durante meus anos de formação, li autores que escreviam sobre os autores principais, na tentativa, julgavam meus professores, de simplificar meu aprendizado. Surpreendi-me ao ler Freud no original e perceber como era mais fácil compreendê-lo, do que fazendo leituras da versão escolhida por meus professores. Mesmo Moreno, um escritor complexo, se lido no original, deixa transparecer, além da complexidade, uma personalidade brilhante e espontânea que nos impregna de idéias novas para pesquisar e criar.

Enfim, como se forma um terapeuta de fato? Não sei responder a esta questão totalmente. Sei que meu próprio caminho foi tortuoso e que o fundamental foi ter encontrado, após muito ensaio-e-erro, um terapeuta-professor-supervisor capaz de tocar nas dores da minha infância e nas minhas inquietações e dúvidas de aluno principiante com tamanha delicadeza que não feria minha auto-estima em troca.

Alice Miller (1993:4), em seu livro *Breaking down the wall of silence*, fala de como as psicoterapias precisam respeitar as defesas dos pacientes, pois graças a essas defesas eles conseguiram sobreviver. Intervenções violentas ou que ferem a auto-estima do cliente em nome de uma estratégia clínica podem causar mais danos do que realmente ajudar.

Parodiando-a, acho que os professores precisam respeitar as dúvidas dos terapeutas iniciantes e até patrociná-las; desconfio de estudantes que não têm dúvidas e sempre compartilho as minhas para criar um clima permissivo à idéia de que errar não só é humano mas desejável, para se aprender de fato.

Experimentei momentos de loucura em minha própria psicoterapia em que a atuação compreensiva e empática do meu terapeuta permitiu-me ver aspectos heróicos de uma mulher que lutava para sobreviver com dignidade. Também a aluna arrogante e defensiva que fui transformou-se, aos poucos, guiada pelo desafio lúdico, sábio e maduro deste professor, numa profissional que escrevia o que pensava, o que me conferiu o conhecimento anteriormente pretendido.

Nem sempre, entretanto, os terapeutas-professores são tão habilidosos. Acompanhei intimamente a evolução de um paciente *borderline* que na sua primeira experiência psicoterápica, aos 18 anos, ouviu sua analista dizer que ele queria ter relações sexuais com ela. Essa mesma pessoa foi medicada com um remédio que lhe causou reações extrapiramidais intensas. O médico que prescrevera a medicação não tinha avisado que isso poderia ocorrer e nem recomendou o que fazer, caso acontecesse. O paciente ficou horas sofrendo até encontrar o médico e uma medicação que revertesse o quadro. Como resultado, nunca mais confiou plenamente em terapias ou remédios psiquiátricos, recursos que poderiam ter sido muito úteis em seu caso.

Podemos obviamente compreender a analista e o médico; ela, inexperiente, repetia de forma estereotipada alguma interpretação que ouvira ou parte da teoria psicanalítica que aprendera; ele, jogando com a casuística, não previra o que aconteceu, nem conhecia o "antídoto", porque nunca havia presenciado nada assim. Podemos também desculpá-los, colocar a culpa no paciente – ele sim era um tipo resistente a psicoterapias ou que não queria ser tratado!!!

De fato, era um quadro muito difícil, com uma pessoa muito inteligente e muito resistente, o que em nenhum momento justifica uma terapeuta tão pouco empática, ou um médico negligente. Milton Ericson (Zeig, 1993) costumava dizer que o paciente se defende, mas quem resiste é o terapeuta, por não ter flexibilidade suficiente para abandonar sua teoria e encontrar a forma peculiar com a qual cada paciente pode tomar contato com seu material conflitivo.

Acho que a hierarquia aluno, professor, supervisor, didata etc., presente em qualquer formação clínica, perpetua multigeracionalmente preconceitos, erros e abusos de poder. A forma como interagimos com nossos alunos acabará sendo reproduzida no estilo clínico deles com os pacientes, e quanto mais autoritário ou categórico o sistema de crenças teóricas do terapeuta ou professor, mais o paciente ou aluno correm o risco de se verem atolados numa relação superior-inferior que dificilmente lhes trará benefícios.

Uma vez, supervisionei uma colega que tinha o seguinte cacoete: punha a mão no queixo, olhava para o vazio acenando um sim com a cabeça e dizia: "Ah! Ah!" – como alguém que estivesse compreendendo alguma coisa. Perguntei-lhe o que aquilo queria dizer e ela acabou me contando que quando não sabia o que falar para os pacientes fazia assim. Esse gestual era semelhante ao de uma antiga terapeuta sua que parecia entender além daquilo que ela dizia, o que aliás a assustava muito.

Rowe D. (Masson, 1988:8-45) acha que as escolas psicoterápicas podem ser comparadas a regimes clericais ou monárquicos que impõem anos de aprendizado de regras e rituais, numa espécie de lavagem cerebral que impede ao súdito-aluno de olhar além daquelas fronteiras. Numa comparação irônica sobre a colocação de limites no *setting* terapêutico, podemos dizer que o terapeuta, tal qual o rei com seus súditos, escolhe como, quando e por quanto tempo verá o paciente e, além disso, administra o silêncio, arma poderosa dos sistemas autoritários para impetrar mistério e medo e evitar revelações que poriam em perigo o poder.

Alunos ilustres de Freud, como Jung e Adler, afastaram-se da Associação Psicanalítica Internacional por discordarem dele; outros, provavelmente, ficaram embotados em sua criatividade, por não conseguirem desafiá-lo. Sandor Ferenczi, por exemplo, colega muito estimado por Freud (Mousson, 1984:258-268), não acreditava na questão edípica. Em seus diários secretos, expressa claramente sua opinião de que as meninas amam sim seus pais, mas que esse amor não é sexual, ele demanda proteção e afeto desinteressado. Os pais, sim, abusam dessa necessidade emocional da criança, usando-a para fins sexuais.

Há sérias evidências de que Freud estava errado no caso Dora e de que esse erro tenha custado muito ao nosso conhecimento atual sobre o psiquismo humano. Desse estudo, por exemplo, as psicoterapias herdaram a tradição de desacreditar a versão que os pacientes têm de sua própria vida, tratando-os como crianças ignorantes que precisam ter sua verdade revelada por alguém superior. Desde então é o terapeuta, com seus conhecimentos teóricos, quem atesta a verdade do paciente, violentando-o, muitas vezes, com uma interpretação que lhe estupra os ouvidos (Aulagnier, 1975:19-23).

Masson (1984:XX) acredita que Freud foi covarde quanto a levar adiante a questão do abuso infantil e enfrentar a pressão da sociedade científica e preconceituosa de sua época. Eu, pessoalmente, acho que ele não mentiu, mas errou, e sua tirania como professor impediu que seus alunos o corrigissem.

A história da Psiquiatria e da Psicologia, aliás, está cheia de exemplos de erros grotescos e lesivos para com os pacientes[1] que, por patético que pareça, tanto mais violentados menos força têm para abandonar essas relações abusivas. Provavelmente sejam pessoas acostumadas a obedecer e se conformar com os outros, camaleões modulados com terror por pais autoritários.

O professor-supervisor tem o poder de confirmar ou desconfirmar a potência do aluno no seu campo específico, mas não é só o conhecimento objetivo que conta nesta avaliação. Há pactos implícitos de lealdade em troca de amor-apoio-pacientes que nunca são claramente explicitados, além da própria personalidade do professor, muitas vezes mais egoísta, insegura e covarde do que sua roupagem de rei deixa revelar.

Acho que nós, professores e terapeutas, que um dia fomos ou continuamos sendo pacientes e alunos, devemos parar de nos comportar como deuses sem vícios e adotar práticas corretivas dos eventuais abusos que possamos cometer ao administrarmos o poder que temos sobre outras pessoas.

Neste sentido, Moreno foi muito sábio ao criar o Psicodrama. Tanto a abordagem grupal quanto o ego-auxiliar como instrumento terapêutico dividem esse poder soberano do terapeuta de outrora e potencializam pessoas normais a serem tão úteis para o protagonista quanto o próprio

---

1 Quem quiser enveredar pela pesquisa de práticas inadequadas em psicoterapias terá material farto sobre abusos de todos os tipos, desde sexuais a físicos, nos livros: *Against psychoterapy*, de Jeffrey Masson (1988).

terapeuta (Moreno,1974:300). Também o "compartilhar"[2] é, em certo sentido, uma prática corretiva, na medida em que a fragilidade do protagonista é compartilhada, e ninguém fica dono absoluto da sanidade ou da doença na sessão.

Outra prática saneadora de nossos próprios abusos no papel profissional é o trabalho de grupo autodirigido, modelo que Bustos introduziu no Brasil, inspirado na proposta de Beacon (Moreno Institute New York). Essa forma de trabalho grupal permite o entrelaçamento de aspectos psicoterápicos e pedagógicos na formação de um psicodramatista; cada participante do grupo tem a possibilidade e é estimulado a desempenhar alternadamente os diferentes papéis constitutivos de um grupo de psicodrama: platéia, protagonista, ego-auxiliar, diretor e, em se tratando de grupo de aprendizagem, inclui-se também o papel de processador.

Moreno nos via a todos como deuses de braço quebrado, no sentido de todos termos potência criativa e defeitos humanos. O grupo autodirigido permite aos terapeutas em formação identificarem-se com essas duas facetas, na medida em que os papéis potentes de diretor e processador alternam-se com o papel vulnerável de protagonista. Todos os participantes têm, assim, a possibilidade, cada um no seu próprio ritmo, de ocupar o lado fraco e forte do jogo, impedindo idealizações onipotentes ou impotências crônicas.

Creio que outros instrumentos podem ser criados com a finalidade de cuidar para que abusos de poder não se transmitam de forma virótica para nossos alunos e seus pacientes e gostaria profundamente de ver este tema debatido em nossos congressos.

Proponho que, em vez de abusar do poder que temos, procuremos validar o poder dos outros, cuidar de sua auto-estima em vez de tratá-la, esclarecer com palavras simples nossos alunos em vez de mistificarmos os conhecimentos que acumulamos e, sobretudo, proponho pensarmos juntos quais são as obrigações de quando chegamos a ter poder e não só as vantagens que este lugar nos confere.

Acho que as coisas podem melhorar assim e, quem sabe, os netos e bisnetos que ainda não tivemos nos agradeçam um dia!!!!

---

2 *Sharing* ou compartilhar é a etapa final da sessão psicodramática em que o terapeuta, paciente e colegas de grupo compartilham na primeira pessoa do singular as emoções, lembranças e sensações que a vivência do protagonista lhes despertou, desnudando-se, como diz Moreno, de suas defesas racionais e críticas.

REFERÊNCIAS BIBLIOGRÁFICAS

AULAGNIER, P. (1979). *A violência da interpretação*. Rio de Janeiro, Imago.

MASSON, M. J. (1988). *Against psychoterapy*. Maine, Common Courage Press, 1994.

_____. (1984). *Atentado à verdade*. 2ª ed. Rio de Janeiro, José Olympio.

MILLER, A. (1993). *Breaking down the wall of silence*. Nova York, Penguin Group.

ROWE, D. (1988). In: M. J. Masson (1988). *Against psychoterapy*. Maine, Common Courage Press, 1994.

ZEIG, K. J. (1993). *Hipnose ericsoniana*. Campinas-SP, Editorial Psy.

Rosa Cukier é psicóloga pela PUC-SP; psicanalista pelo Instituto Sedes Sapientiae; psicodramatista, professora-supervisora pela SOPSP e pelo Instituto J. L. Moreno (SP). Autora de *Psicodrama bipessoal: sua técnica, seu terapeuta e seu paciente* e de *Palavras de Jacob Levy Moreno – Vocabulário de citações do psicodrama, da psicoterapia de grupo, do sociodrama e da sociometria* (ambos publicados pela Ágora). Site: www.rosacukier.com.br.

www.gruposummus.com.br